竺道生與涅槃學

湯用彤 ◎ 著

山西出版傳媒集團
山西人民出版社

圖書在版編目(CIP)數據

竺道生與涅槃學 / 湯用彤著 ． －太原：山西人民出版社，2014.12
（近代名家散佚學術著作叢刊 / 許嘉璐主編）
ISBN 978-7-203-08769-4

Ⅰ．①竺… Ⅱ．①湯… Ⅲ．①道生(355～434)—生平事迹②槃學—研究 Ⅳ．①B949.92

中國版本圖書館CIP數據核字(2014)第236891號

竺道生与涅槃学

主　　編	許嘉璐
著　　者	湯用彤
責任編輯	梁晉華
助理編輯	張　潔

出 版 者	山西出版傳媒集團·山西人民出版社
地　　址	太原市建設南路21號
郵　　編	030012
發行營銷	0351-4922220　4955996　4956039
	0351-4922127(傳真)　4956038(郵購)
E－mail	sxskcb@163.com　發行部
	sxskcb@126.com　總編室
網　　址	www.sxskcb.com
經 銷 者	山西出版傳媒集團·山西人民出版社
承 印 廠	山西出版傳媒集團·山西人民印刷有限責任公司
開　　本	700mm×970mm　1/16
印　　張	5.5
字　　數	58千字
印　　數	1—3000册
版　　次	2014年12月　第一版
印　　次	2014年12月　第一次印刷
書　　號	ISBN 978-7-203-08769-4
定　　價	14.00圓

《近代名家散佚學術著作叢刊》編委會

總 主 編　許嘉璐

編 委 會　王紹培　王繼軍　許石林　李明君
　　　　　汪高鑫　趙　勇　梁歸智　樊　綱
　　　　　（按姓氏筆畫排序）

總 策 劃　越衆文化傳播·南兆旭

出版工作委員會
　　主　任　李廣潔
　　副主任　姚　軍　石凌虛
　　委　員　周　威　梁晉華　徐　勝　顏海琴
　　　　　　張文穎　秦繼華　馮靈芝　張　潔

設計總監　李尚斌
設計製作　王秀玲　何萬峰　歐陽樂天

出版說明

《近代名家散佚學術著作叢刊》選取一九四九年以後未再刊行之近代名家學術著作共一百二十册，編例如次：

一、本叢書遴選之著作在相關學術領域具有一定的代表性，在學術研究方向、方法上獨具特色。

二、爲避免重新排印時出錯，本叢書原本原貌影印出版。影印之底本皆經專家組審定，原書字體大小，排版格式均未做大的改變，原書之序言、附注皆予保留。

三、本叢書分爲八大類，以作者生卒年編次。

四、爲使叢書體例一致，本叢書前言後記均采用繁體字排版。

五、個别頁碼較少的版本，爲方便裝幀和閱讀，進行了合訂。

六、少數學術著作原書内容有個别破損之處，編者以不改變版本内容爲前提，部分進行修補，難以修復之處保留缺損原狀。

七、原版書中個别錯訛之處，皆照原樣影印，未做修改。

八、所選版本之抽印本頁碼標注，起始至所終頁碼均照原樣影印，未重新編排標注新頁碼。

由於叢書規模較大，不足之處，殷切期待方家指正。

總 序

披沙瀝金，以爲鏡鑒

◇ 許嘉璐

多年來有一個問題始終在我腦中盤桓：爲什麽在十九世紀末到二十世紀初，在短短的幾十年裏，中國的各個學術領域竟涌現了那麽多大師級的人物？這是中國近代史上一個極爲重要的現象，我認爲，如果不能給出令人滿意的答案，我們撰寫的近代學術史將是不完整的，甚至是缺乏靈魂的。後來我知道，著名人類學家克羅伯曾提出過一個問題：爲什麽天才成群地來？看來這種現象的出現並非中國所獨有，思考其所以然的也大有人在。而在那一次世紀之交中國的情況，似乎應驗了"天才成群地來"這個令克氏久久不解的疑問。錢學森先生曾從相反的方向提出了相同的疑問：爲什麽我們這個時代出現不了杰出人才？後來人們稱這個問題爲"錢學森之謎"。

要回答這些疑問不是件容易的事。與其迅速地囫圇地探尋，不如先多了解那些讓中國近代學術（應該包括人文科學和自然科學）史上閃耀着光輝的大師們的作品和自述，從而在腦海里盡量"復原"他們所處的環境和在那種環境下的心理路徑，從中或許可以得到一些啓示。

有一點是顯然的，這就是他們雖然都已遠離塵世而去，但是他們獨立思考的品性、求知治學的真誠、困厄窮愁中對節操的堅守，恐怕是他們共同的主觀因素，一直影響到現在，而且將會永遠留存下去。

就思想界、學術界而言，二十世紀上半葉是一個新說和舊說碰撞，中學和西學融匯的大時代。那時的學人極爲重視言行操守，同時具備現代知識分子的理想信念；他們的學術研究十分純净，絕少功利因素；他們的視界開闊，以包容的心態和嚴謹的風格造就了成果的大氣與厚重。至於在客觀因素一面，他們實際是在用工業化時代的事實解説着太史公所說的名山之作"大抵聖賢發憤之所爲作"，困厄苦難使得他們"皆意有所鬱結"。這種鬱結，幾乎和個人的名利毫無牽涉，他們永遠不能釋懷的，是民族的存亡、國運的興衰、民衆的福禍和文脈的續斷。

那個時代也是近代歷史上最大規模的中西古今學術調適、創新的時期，學術方法上的交互滲透和融合、創新亦可謂"於斯爲盛"。斯時之學人是要在封閉的屋牆上鑿出窗子的勇士，是使人能夠看看外部世界的第一批導夫先路者；或者可以說，他們是在"意有所鬱結"時"彷徨"和"呐喊"的"狂人"。

相對於那時的哲人們，後來者是幸運兒。現在的形勢是，近三十年來學界空前繁榮，衆多學科有了長足之進，其中很重要的一點是學界有了更新穎、更廣闊的國際視野，似乎接續上了百年前的學壇盛事。但細想想，"古"與"今"還是有差別的。其異，主要不在於世界情勢、學術進展、工具改善這些客觀存在，而在於廣泛吸收各國優長的同時，自身文化的主體性越來越受到重視，換言之，"拿來主義"已經延長了"拿來"的程序，加上了試用、甄別、篩選、吸收、融合、成長。就我孤陋所見，在當今地球上，面向所有異質文明，努力汲取我之所缺，其範圍之大和心態之切，似乎無出中國之右者。從這個角度說，我們已經超越了前輩。但是事情還有另外一面，學術，特別是人文學科，其職業化、"沙龍化"和功利性，以及隨之而來的浮躁病卻嚴重了。從這個角度說，是不是我們已經後退得夠可以的了？而這是不是我們這個時代出不了大師的原因之一呢？

民國學術界的特點之一是極爲注重對傳統的反省、批判與繼承。他們對傳統文化盡最大的努力進行整理和研究。一方面，由於戰亂頻仍，民不聊生，學者們擔起了讓中華文化薪火相傳的歷史責任；另一方面，他們要通過對中國傳統文化的整理、挖掘來重振民族自信心。這一時期對傳統文化進行整理的全面而深入是前所未有的，舉凡文字學、語言學、經濟學、法學、哲學、政治制度、書法繪畫、金石學……規模之宏大，研究之精微，令人嘆爲觀止。

民國學術推動了現代學科體系的建立。在對傳統文化整理和研究的基礎上，吸收西方的文化思想和理念，推動和建立了中國現代學科體系。例如，在對語言文字和音韵學成果進行整理、研究的基礎上開始着手規範之，建立了國語學；深入研究書法、國畫，將其融入了現代美術學科；在廢除舊有學制後逐步建立起小、中、大學較完整的科目和學科體系。

民國學術也改變了傳統學術方式，建立了新的研究範式。以現代科學考古爲發端，科研的實踐和成果使中國知識界真正認識到在實驗、比較基礎上的邏輯分析對學術研究的重要，推進了中國學術的一大演變。至於我們常說的打破士大夫傳統、走出書齋到田野鄉村和市民中進行調查研究、結束了經學時代、以歷史眼光檢視儒學和諸子等等，都是確立新學術範式的努力。這一轉變，也標誌着中國學術界脫胎換骨，全面進入了現代，爲此後的學術發展奠定了堅實的基礎。當然，西方啓蒙運動以來，在"現代性"和"現代化"裏潛伏着的缺陷和謬誤也傳到了中國，這些不能不在前哲的著作裏留下痕迹。這並不奇怪。類似的情況，古往今來孰能免之？猶如今天的我們，誰敢自稱我之所見就是永恒的真理？在這個問題上兩個時代所異者，或許就在昔時大家創立新說或譯註西學著作，往往是懷着對學術和前哲的敬畏而爲之，故而常常誤不在我；當今則往往出於對學問和他人的輕蔑，或以所研究的對象爲謀己的工具，因而難辭主觀之咎吧。翻閱他們的心血之作，這些複雜的狀況可以顯見，可以視之爲我們的一面鏡子。

滄海桑田，世事變幻，歷史的動盪和時代的遮蔽，使當年許多大師的一些極有價值的學術著作被棄於故紙堆中，不能不令人有遺珠之憾。爲此，山西人民出版社不惜以數年之艱辛，披沙瀝金，編輯出版這套《近代名家散佚學術著作叢刊》，凡一百二十册，計文學、史學、政治與法律、美學與文藝理論、民族風俗、宗教與哲學、經濟、語言文獻共八大類别。所選皆爲作者之純學術著作，無論是其見解、精神，抑或是其時代烙印，都是後輩學人可資借鑒的寶貴財富。他們出版這套叢書，意在讓世人不忘來程，知篳路藍縷之不易，爲民族文化的傳承再增薪木。

出版社的初衷，與我近年來所思所慮近似，故願略述淺見於書端，以與策劃者、編輯者和讀者共勉。

二〇一四年七月六日
改定於自安東回京途中

前 言

◇ 王紹培

《近代名家散佚學術著作叢刊》是一項重大的學術工程，我接到寫這個序言的指令，誠惶誠恐多日，端的是藐予小子，何敢贊一言。

但我亦深知這是一個重溫先賢大哲杰出思想成就的寶貴機會。果然，十余部宗教哲學類著述電子版到手，翻閱起來，雖然難免諸多不便，但靜心瀏覽，不能不生感慨良多。這批著作全部都在民國期間出版。最早的一本是梁漱溟的《究元決疑論》，是商務印書館一九二三年出版的。其餘的大部分都出版在二十世紀三十年代的抗戰爆發之前。想想看，彼何時也，政局動盪不已，軍閥混戰不休，而民不聊生，但學術活動仍然頑強挣扎，開展得如火如荼，且學術質量之高，令人驚訝。

所謂學術質量之高亦不是我輩來信口雌黃。事實上，對於這些前輩學人及其成就，學界早有定評。例如，梁啟超（一八七三年—一九二九年）被公認是清朝最優秀的學者，是一位百科全書式的人物。最難以想象的是在他五十六年的短暫生命中，既積極投身從事大量的政治活動和社會活動，又能在哲學、文學、史學、經學、法學、倫理學、宗教學等領域均有建樹，這是怎麼做到的？曾經看見一則逸聞，說梁啟超每天必打八圈麻將，寫八千字文章，他不少文章是邊打麻將邊口授的，簡直神乎其技了，但不知道真假。本叢書收錄的梁啟超的《中國學術思想變遷史》（商務印書館一九二六年出版）被學人贊許之爲"中國學術史上的垂範之作"。梁啓超在經過革命失敗的過程之後，痛定思痛，得出的教訓是要高度重視學術思想，他説："學術思想之在一國，猶人之有精神也，而政事，法律，風俗，及歷史上種種之現象，則其形質也。"梁啓超認爲，有新學術思想，就會有新國民，有新國民，就會有新國家新世界。從梁啓超的論述可知，他對哥白尼、培根、笛卡爾、孟德斯鳩、盧梭、富蘭克林、瓦特、亞當·斯密、達爾文等等思想家瞭如指掌。他極爲看重思想言論自由，他認爲"春秋末及戰國"爲中國學術思想的"全盛時代"，而追溯所以致盛的原因，"思想言論之自由"爲其中一個重要的方面。其餘諸多因素，除了"由於蘊蓄之宏富也"與歷史積累有關，其他"社會之變遷也"、"交通之頻繁也"、"人材之見重也"、"文字之趨簡也"、"講學之風盛也"，也都跟社會自由有很大的關聯。現在的年輕人有時或者會覺得清末民初的人物都是老古董，但看看梁啓超就知道，他的思想之新鋭先鋒不在現在很多人之下。正因爲梁啓超把學術思想看得如此之重，因此，該書欲總結中國固有學術思想之得失，以西方文化參補之，從而恢復上古與中古時代"我中華第一也"的學術"最高尚最榮譽之位置，而更執牛耳於全世界之學術思想界"。百年之後，看見這樣的雄心壯志，真是讓人唏噓不已。

再如錢基博先生。現在的讀者如果知道錢基博大概多是因爲錢鍾書的緣故，但錢基博先生本身就是碩學鴻儒，父子同爲大師，此等情形較爲罕見。《四書解題及其讀法》（商務印書館一九三一年出版）亦是錢基博的代表作之一。四書是儒家傳道授業的基本教材，亦是儒學的重要原典。錢基博説他在四十歲時遇見梁啓超，梁啓超送他一本《要籍解題及其讀法》，他有不同看法，於是成就《四書解題及其讀法》一書。錢基博的四書解題，回到朱熹的"大語孟中"的次序，所謂"不先乎《大學》，則無以提綱挈領，而盡《語》《孟》之精微；不參之《論》《孟》，則無以融會貫通，而極《中庸》之指趣"。或則，"先讀《大學》，以立其規模，次及《語》《孟》，以盡其蘊奧，而後會其歸於《中庸》；蓋以爲學之程序，而第其書之先後也"。衆所周知的是，錢基博不是那種關門閉户死讀書的腐儒，而是心憂天下的君子。就在該書的序言裏，他亦不忘表露初衷："今四十歲，飽更世患，民治革政，共而不和，争民施奪之既久，寖尋以至今日，又見有專無制，哀哉耗已！末法披昌，人將相食！窮則反本，縕温故書，然後知聖人憂世之情深，仁民之道大也！繕寫既定，而爲考鏡原流，發明指意，於文章典籍之中，得其辨名正物之意，庶幾尼山正名之意云爾！"在錢基博這樣的學人眼裏，做學問跟憂世仁民大有關聯。

這些學者當中，無疑以梁漱溟（一八九三年——一九八八年）的世俗名氣爲最大，在現當代中國歷史上，梁漱溟是一位罕見的絶不阿世媚俗的有風骨的文人。梁漱溟自謂："我自十四歲進入中學之後，便有一股向上之心驅使我在兩個問題上追求不已：一是人生問題，即人活着爲了什麽，二是社會問題亦即中國問題，中國向何處去……總論我一生八十餘年（指十四歲以後）的主要精力心機，無非都用在這兩個問題上。"梁漱溟曾經兩度自殺，可見其苦悶至深。一九一六年，二十三歲的梁漱溟即寫成《究元决疑論》，在《東方雜誌》連載，引起轟動。正因爲是書，二十四歲的梁漱溟被蔡元培校長延聘，進入北大教授印度哲學。關於《究元决疑論》之緣起，梁漱溟説："於爾所時，舊執既失，勝義未獲；憂惶煩惱，不得自拔。或生邪思邪見；或縱浪淫樂；或成狂易；或取自經。如此者非財寶事物之所得解，唯法得解……所謂《佛學如實論》與《佛學方便論》之二部，前者將以究宣元真，今命之曰'究元第一'；後者將以決行止之疑，今命曰'決疑第二'。世之所急，常在決疑，又智力劣故，不任究元，以是避諱玄談，得少爲足。且不論其所得爲似爲非。究理而先自畫，如何得契宇宙之真？不異於立説之前，自暴其不足爲據。欲得決疑，要先究元。"所謂"究元"，亦即"佛學如實論"，探討宇宙本體問題，揭示佛法的核心教義乃爲"無性"，"無性"亦即"無自性",世間萬事萬物皆是因緣和合,並無自體自性,如斯則從根本意義上省悟宇宙人生之真相。所謂"決疑",亦即"佛學方便論",討論現象界的問題,以究元所得的佛法宇宙人生真諦來認識和指導現實的社會人生。"究元"是佛教立場的本體論,"決疑"是建基於佛教之上的人生觀。欲得決疑必先究元;先解決本體問題,則人生問題就好順勢而爲。值得一説的是,五四時期,中國學術界跟國際社會基本接軌,信息傳遞大體同步。例如,古斯塔夫·勒龐(彼時譯爲魯滂)的各種學說都被悉數譯介,如《新物質論》甫一翻譯,即被梁漱溟消化,以兹與佛家性空學説參觀對照,按照勒龐的説法,以太是宇宙的本體,以太的"渦動"即爲物質,"渦動"停止物質消滅的過程中派生各種"力","力"是同一物的不同形式。梁漱溟認爲以太跟佛家的如來藏或阿賴耶相類似,"渦動"相當於忽然念起,"此渦動便是無明"。除此之外,梁漱溟對各種西方哲學瞭如指掌,例如,他以康德的現象與"物如"(物自體)之分,休謨的不可知論,來印證佛家元哲學之三義:"不可思議義,自然(Nature)軌則不可得義,德行(Moral)軌則不可得義。" 復以叔本華的盲目衝動和意欲之説,柏格森的生命哲學來論證"人生基本是苦"的結論,唯有以佛法爲精神支柱,方能安穩自我,清静自守。

相對來説,馮承鈞先生(一八八七年——一九四六年)鮮爲人知。馮承鈞早年留學比利時,後赴法國巴黎大學,主修法律。一九一一年獲索邦大學法學士學位。續入法蘭西學院師從漢學家伯希和。馮承鈞歸國後,曾任北京大學歷史系教授、北京師範大學歷史系教授。馮通曉法文、英文、比利時文、梵文、蒙古文、阿拉伯文、波斯文,兼及古回鶻語、吐火羅語和蒙語八思巴字,並精通中國史籍,在歷史學、歷史地理學、歷史語言學和考古學等方面都有較深的造詣,在史地研究考證方面卓然成家。馮承鈞畢生研究中外交通史和邊疆史,著譯既多且精,是民國時代重要的中外交通史家。馮承鈞從金石書畫以及方誌内衰集了元代的白話聖旨碑,成爲一書,此即《元代白話碑》,概述元朝白話碑文的歷史背景,並對於元代白話語法加以研究討論。關於《歷代求法翻經錄》,馮承鈞在其叙言中説:"求法傳經二事之重要,已爲西方學者所共知……第此種史料,多散見於釋藏傳記譜録之中。初學不易尋檢。余不敏特爲鳩集舊文,參以新證,凡關於求法翻經之事,皆撮録其要……彙爲一編,名曰《求法翻經録》。"由此可知,該書是一本資料薈萃之編。

另有兩位不大爲後人所知的學者。一位是江恒源(一八八五年—一九六一年)。江恒源是一位教育家,他的《中國先哲人性論》是作者一九二四年用八十天的時間寫成的專著,將先秦到明清之際的諸多先哲跟人性有關的觀點、思想娓娓道來。作者認爲,總體來説,中國哲學的起源,和歐洲有點不同。歐洲哲學以"求知"爲出發點,中國哲學以"利行"爲出發點。歐洲人説"哲學起於驚異",而中國哲學一切以現實認識爲根據……這幾句話要言不煩,道破中西哲學之差異。另一位是熊夢(一九〇二年—一九八三年)。一九三一年,熊夢留學美國華盛頓州立大學,獲經濟學博士學位,回國後任國民黨中央政治會議經濟組專門委員。一九三九年出任沅陵稅務局局長。一九四〇年冬掛冠歸里,應聘爲三民中學教務主任。熊夢一生著述頗豐,著有《墨子經濟思想史》、《晚周諸子經濟思想史》、《江西省財政概況》、《湖南省財政概況》等。其中,《晚周諸子經濟思想史》算得上是中國經濟史的奠基之作之一。該書綜述道儒法墨四家的經濟思想,同時對百家思想多有論略。

另外三位先生,湯用彤(一八九三年—一九六四年)、朱謙之(一八九九年—一九七二年)、蔡尚思(一九〇五年—二〇〇八年),知名度不大不小,但其實都是極具分量的重要學者。一般認爲,湯用彤是現代中國學術史上少數幾位能會通中西、接通華梵、熔鑄古今的國學大師之一。他的《竺道生與涅槃學》是其重要的學術著作之一。竺道生是東晉時期的著名高僧,是鳩摩羅什的弟子。竺道生認爲那些斷了善根的人也可以成佛,他又主張頓悟成佛,這些都不是主流的觀點。竺道生是東晉最著名的涅槃學者，他把作爲精緻哲學形態的般若學和粗俗的成佛説教結合起來，着重闡發涅槃佛性説，認爲"真空妙有"契合無間，開創佛教一代新風，因此被尊爲"涅槃聖"。朱謙之是二十世紀著名歷史學家、哲學家和東方學家，亦有"百科全書式學者"的美譽。他年輕時曾經短暫出家爲僧，後來發現，佛教不能實現自己的夙願，因此跟佛門斷絶關係。他主張宇宙人生是一股真情之流。他的《中國思想對於歐洲文化之影響》（一九四〇年出版）一書的寫作，歷時五年，他自認爲是"最細心結撰的一部著作"。朱先生認爲，東西文化各有其自身的歷史特徵，但是，這並不妨礙它們同時通過各種途徑接受、吸納對方的影響。在十七至十八世紀，中國哲學文化給予歐洲思想界的影響歷歷可數。在十六至十七世紀則以來華的耶穌會士爲媒介，中國哲學文化特別是孔子哲學被廣泛譯介到歐洲大陸，成爲歐洲理性時代來臨的外來思想條件。東西文化的相互影響、接觸，給世界文明帶來了强大的推動力。朱謙之先生的這部重要的著作，對於研究中西方文化史的後來學者，仍然是一座繞不過去的學術高峰。蔡尚思先生是哲學家，亦是中國思想史專家。他出版《中國三大思想之比觀》一書時是二十八歲，寫成則是二十四歲，而在此前的二十一歲時，他就寫成了研究孔子哲學、老子哲學和墨子哲學的專著。所謂中國三大思想，指的是老孔墨三家。蔡尚思先生將三家思想的方方面面比較對照，細緻而又周全。例如，他認爲老子是藝術的，墨子是功利的，孔子則介乎兩者之間；老子以死天爲主，活人法死天，無爲自然；孔子以天鬼爲名，以君王爲實，視天子嚴君如天帝鬼神；墨子以活天爲主，視死天如活人，兼愛交利……這些比較十分具體，發人深省，後之學者反而不做如此細緻的功夫了。

　　即使是非常粗略地瀏覽民國學人的著述，也不難發現一點，這些學者何以在年紀輕輕時就已經開始著書立説，而且水準頗高？我們站在新中國的立場回望，覺得彼時天地之舊，但如果他們站在辛亥革命之後前瞻，或許看見的全是風物之新。因此，當時的人或者滿是志氣，要在新天地有所作爲。及至戰亂迭起，他們更是堅定了文化返本開新的決心。從教育的角度來說，當時的精英教育使能夠接受教育的人都是英才，而這些教育英才的人和英才自己也都非常珍惜機會，所以成才率顯然比今天高。中外學術思想交流的順利和及時，也是民國學術思想繁榮的一個原因。我們看梁漱溟等人的書，不難發現他們對國外各種思想潮流都瞭如指掌，各家各派的學說都被拿來爲我所用。當然，學術思想的相當自由也保證了這些學者在著書立說時，較少外部顧慮，一心把書寫成、把文章做好就對了。這些其實遠遠不算完美的局面，仍然因爲日本人的侵略而被打斷，內戰的影響也顯而易見。及至新中國建立，學術範式、語言、議題、旨趣等等完全轉型，一個時代就這樣結束了。

因此，今天我們重溫民國學人的思想，除了瞻仰他們曾經到達的思想高度之外，也是順便看看，學術思想在一種相對自然而正常的情況下，可以呈現出一種怎樣的風貌，結出怎樣的碩果，而於我們中國人會有怎樣的信心跟鼓勵。值得慶幸的是，二十世紀八十年代開始，我們又回到了一個總體來說學人可以有所作爲的環境中，至於新世紀的學人可以取得怎樣的成就，在很大程度要看個人自己的努力和爭取了。

| 作者簡介 |

　　湯用彤（一八九三年——一九六四年），字錫予，祖籍湖北省黃梅縣，生於甘肅省渭源縣。著名哲學史家、佛教史家、教育家。曾任北京大學副校長、校長，中國科學院哲學社會科學部委員。他通曉梵語、巴利語等多種外國語文，熟悉中國哲學、印度哲學、西方哲學，畢生致力於中國佛教史、魏晉玄學和印度哲學的研究。他對中國佛教史料中關於佛教傳入漢族地區的時間、重大的佛教歷史事件、佛經的傳譯、重要的論著、著名僧人的生平、宗派與學派的關係、佛教與政治的關係等等都作了嚴謹的考證和解釋。

竺道生與涅槃學

湯用彤

I.

（1）大乘涅槃經之翻譯

（2）涅槃大本之傳譯

（3）涅槃大本之修改

（4）竺道生事蹟

（5）竺道生之著作

（6）晉末宋初之研究涅槃者

（7）頓悟漸悟之爭

（8）謝靈運事蹟年表

II.

（9）存神之論

（10）佛性常住之說

（11）竺道生佛性當有論

（12）法身無色義與應有緣義

（13）佛無淨土義及善不受報義

（14）一闡提皆得成佛義

（15）頓漸分別之由來

（16）三乘與頓悟

（17）十地與頓悟

（18）竺道生頓悟與三乘十地

（19）竺道生之頓悟義

(20) 謝靈運述道生頓悟義

(21) 慧觀漸悟義

(22) 宗炳主漸悟

(23) 竺道生之門下

(24) 劉虬述頓悟義

晉宋之際,佛學上有三大事:一曰般若,鳩摩羅什之所弘闡;一曰毗曇,僧伽提婆爲其大師;一曰涅槃,則以曇無讖所譯爲基本經典。竺道生之學問蓋集三者之大成。於羅什提婆則親炙受學;涅槃尤稱得意至能於大經未至之前闇與符契,後世乃推之爲"涅槃聖"。(見涅槃玄義文句卷上)。茲篇分二大段,首述涅槃初至時之事實,次署敍生公之學說。深知所陳多簡陋支離,然旨在搜集材料,俾便後日之參攷云爾。

I
(1) 大乘涅槃經之翻譯

佛藏涅槃經典譯出至夥,重要者約有二類。一爲小乘阿含遊行經之異譯甚多,姑不詳舉。一爲大乘涅槃經之異譯,茲亦僅敍共三譯。

一爲大本,北涼曇無讖所譯之四十卷是也。此蓋在玄始十年(四二一)出。乃中國所謂涅宗之根本經典,當於下另詳之。

一爲六卷本,佛陀跋多羅在建業所譯,乃法顯遊西域所得。祐錄載其出經後記曰:

摩竭提國巴連弗邑阿育王塔天王精舍優婆塞伽羅先見晉

土道人釋法顯遠遊此土,爲求法故,深感其人,即爲寫此大般泥洹經如來祕藏,願令此經流布晉土,一切衆生悉成平等如來法身。義熙十三年十月一日於謝司空石所立道場寺出此方等大般泥洹經至十四年正月二(亦作一)日校定盡訖。禪師佛大跋陀手執胡本,寶雲傳譯。于時坐有二百五十人。」

按法顯於晉義熙十年(四一四)歸抵青州,同年卽南下入京。佛陀跋多羅則自長安被擯後(約在四一〇)南止廬岳;義熙八年(四一二)至江陵,曾見劉裕,(據通鑑裕是年十一月到江陵);明年春隨裕往建業,止道場寺。十二年(四一六)十一月法顯共佛陀跋多羅譯僧祇律,乃法顯所得本也。此律於十四年二月末乃譯訖。而在未譯訖此律之前,覺賢兼譯方等泥洹經六卷,時在十三年十月至十四年二月也,(四一七至四一八)。

一爲二十卷本,乃智猛在華氏邑(卽巴連弗邑)得。猛於甲子歲(四二四)自天竺歸,後於涼州譯之。隋灌頂涅槃玄義謂此二十卷卽讖譯之前五品,但未必然。(下詳)。智猛之譯,祐錄謂爲闕本,可見其不流行也。

先是讖譯涅槃,未譯後分。元嘉中釋道普將往西域,慧觀使求之。普因舶破傷足迨疾遂卒。臨終嘆曰,"涅槃後分與宋地無緣矣!"直至二百餘年後,唐高宗時,僧會甯共智賢在日南譯之,迻至中國;但開元錄已審知爲僞作,非譯本也。

(2) 涅槃大本之傳譯

涅槃大經譯者爲北涼曇無讖。(無或作摩,讖或作懺,文選注作曇無羅讖。)據高僧傳讖中天竺人。(魏書九十九及釋老志均稱爲罽賓沙門。)初學小乘,後見涅槃經,方自慚恨。又擅方術,為王所重。後因亦得罪懼誅,乃至罽賓,賓有大涅槃經前分十卷幷菩薩戒經菩薩戒本等。後復至龜茲。彼二處多學小乘,不信涅槃,(參看僧傳及祐錄十四)乃東入鄯善。(此據魏書九十九,並言讖因私通王妹奔涼州。)最後止於燉煌。

祐錄卷八,大涅槃經序曰:

天竺沙門曇摩讖者,中天竺人,婆羅門種。………先至燉煌,停止數載。大沮渠河西王者,………開定西夏,斯經與讖自遠而至。

祐錄同卷涅槃經記曰:

天竺沙門曇無讖………先在燉煌,河西王………西定燉煌,會遇其人。

按蒙遜於晉義熙八年(四一二)遷姑臧,稱河西王,改元玄始。至劉宋永初元年(四二〇)滅西涼李氏,取酒泉燉煌。頃之,西涼李恂復入燉煌。明年三月蒙遜率兵復克之,屠其城。曇無讖之至姑臧,或即在是年,即北涼玄始十年也。(四二一)(據此,則魏書言讖自鄯善亡奔涼州,當非事實。)

據此,則讖先居燉煌,於玄始十年始至姑臧。然祐錄宋元明板均載讖譯經有十一部,而其出經年月多在玄始十年以前。

茲錄其全目,及年月地點於下:

大般涅槃經三十六卷,偽河西王沮渠蒙遜玄始十年十月二十三日譯。(此係據祐錄卷八所載道朗序。)

方等大集經二十九卷,玄始九年譯。(麗本無此五字。)

方等王虛空藏經五卷。

方等大雲經四卷,玄始六年九月出。(麗無此七字。)

悲華經十卷;別錄或云襲上（道襲）出,玄始八年十二月出。（麗無此八字。）

金光明經四卷,玄始六年五月出。（麗無此七字。）

海龍王經四卷,玄始七年正月出。（麗無此七字。）

菩薩地持經八卷,玄始七年十月初一日出。（麗無此十字。）

菩薩戒本一卷,別錄云敦煌出。

優婆塞戒七卷,玄始六年四月十日出。（麗無此九字。）

菩薩戒優婆(塞)戒壇文一卷,玄始十年十二月出。（麗無此八字。）

案上列宋元明本所注年月,除涅槃外,均不見於麗本。而佑錄卷九所載之優婆塞戒經記,謂係丙寅夏四月二十三日河西王世子沮渠興國與諸優婆塞等五百餘人請天竺法師曇摩讖譯,七月二十三日訖,道養筆受。丙寅歲即玄始十五年,是則宋元明板所注"玄始六年四月十日出"九字實誤。且長房錄開元錄均無,三板所注十年以前年月,則費氏及智昇所見之佑錄均無此項年月可知。不知何年時經僧人羼入宋本,元明本因之而誤,實無根據也。

大般涅槃經據道朗序於玄始十年十月二十三日出,惟未言何時譯竟。而高僧傳則言玄始三年初譯,十年十月二十三日訖,慧嵩筆受。（釋老志作智嵩）但如讖於十年三月後至姑臧,則僧傳所言亦誤也。又僧傳謂讖於出經之前,先在涼土習語三年,亦不知確否。但據佑錄卷二,引別錄謂菩薩戒本在敦煌出,則其至涼土前,已能譯經。或在涼土習華言三年之說亦妄也。又佑錄十四謂讖攜來前分十二卷,後還國,於于闐得經本歸涼續譯之。而高僧傳謂讖自攜來前分十卷,後又往于闐求得中分還譯之,後又遣人到于闐求得後分譯之。佑錄之涅槃經記則謂初十卷五品係智猛攜至高昌者,次八品則胡道人於燉煌送來。隋灌頂涅槃玄義謂前五品二十卷,乃讖與智猛共翻;後遣使外國,又得八品,譯之爲二十卷。四說各不同。但僧佑慧皎均言智猛於宋元嘉元年(四二四)發於天竺,已在讖到姑藏之後。經記所言,想不確也。

讖所譯經均屬大乘,而所譯涅槃經開中國佛理之一派,至爲重要。迨至沮渠蒙遜末年,北魏强大,太武帝聞讖名,召之。蒙遜不與,並疑讖,遂殺之。(魏書謂"帝聞其善男女交接之術,召之。"云云與釋老志祐錄僧傳等所載各有不同。) 事在義和三年,卽宋元嘉十年也。(四三三) 讖譯涅槃,涼土義學僧人卽注意此經。祐錄卷十四謂北涼當時慧嵩道朗號稱獨步。而道朗作涅槃經序,並有經疏。(見吉藏大乘玄論) 釋老志載智嵩爲譯時筆受。後以新生經論於涼土教授,辯論幽旨,著涅槃義記。智嵩當卽慧嵩也。(祐錄卷十毗婆沙序亦稱曰智嵩道朗。) 但當時高僧雖已解新經,然不久涼土兵亂,涅槃之學流至江南,乃稱盛也。

(3) 涅槃大本之修改

按北涼曇無讖譯大本在玄始十年,卽劉宋武帝永初二年。(四二一) 其後至宋文帝元嘉中,此本乃傳建業。三論遊意義謂在元嘉七年(四三〇)始至揚州。其時江南已有六卷譯本,義學名僧若竺道生等已大闡佛性之說。大本既至,斯學更盛。高僧傳慧嚴傳曰:

竺道生與涅槃學

大涅槃經初至宋土,文言致善,而品數疎簡,初學難以厝懷。嚴遄共慧觀謝靈運等依泥洹本加之品目;文有過質,頗亦治改。

大般涅槃經原有四十卷,世稱為北本。經治改後,成三十六卷,世謂之為南本。南北本在文字上,不過稍有差別。但前分品目則甚為不同。此則依法顯所得六卷本而增改者也。茲表列三本之品目如次,以見其增改之概要。(下表分割依大正藏經。)

北本	南本	六卷本
(1) 壽命品之一	(1) 序品	(1) 序品
		(2) 大身菩薩品
壽命品之二	(2) 純陀品	(3) 長者純陀品
	(3) 哀歎品	(4) 哀歎品
壽命品之三	(4) 長壽品	(5) 長壽品
(2) 金剛身品	(5) 金剛身品	(6) 金剛身品
(3) 名字功德品	(6) 名字功德品	(7) 受持品
(4) 如來性品之一	(7) 四相品	(8) 四法品
如來性品之二	四相品之餘	
如來性品之三	(8) 四依品	(9) 四依品
	(9) 邪正品	(10) 分別邪正品
如來性品之四	(10) 四諦品	(11) 四諦品
	(11) 四倒品	(12) 四倒品
	(12) 如來性品	(13) 如來性品

如來性品之五	(13) 文字品	(14) 文字品
	(14) 鳥喻品	(15) 鳥喻品
如來性品之六	(15) 月喻品	(16) 月喻品
如來性品之七	(16) 菩薩品	(17) 問菩薩品
(5) 大衆所問品	(17) 大衆所問品	(18) 隨喜品　（終）
(6) 現病品	(18) 現病品	
(7) 聖行品	(19) 聖行品	
(8) 梵行品	(20) 梵行品	
(9) 嬰兒品	(21) 嬰兒品	
(10) 光明遍照高貴德王菩薩品	(22) 光明遍照高貴德王菩薩品	
(11) 師子吼菩薩品	(23) 師子吼菩薩品	
(12) 迦葉菩薩品	(24) 迦葉菩薩品	
(13) 憍陳如品	(25) 憍陳如品	

南本依六卷泥洹將北本之前五品分爲十七品。泥洹有大身菩薩品第二。惟泥洹序品述佛將入滅時一切大衆均來頂禮，大身菩薩爲來頂禮者之一，故南本以併入序品。而其前十七品當六卷本之十八品也。至若文字上之改治，則常因原文之過質。如北本曰，"猶如慈父唯有一子，卒病喪亡，送其屍骸置於塚間，歸還悵恨，愁憂苦惱；"南本改曰，"猶如慈父唯有一子，卒病命終，殯送歸還，極大憂惱。"（此見序品。）但南本亦有時亦有因泥洹本而改治者。如北本壽命品之二，"啼泣面目腫，"而六卷本作"久遠憂悲癡冥闇，"南本作"戀慕增悲慟。"北本壽命品之三佛說偈中有"而與羅漢等，"泥洹作"量與羅漢等，"南本亦然。則南本文字上之改治，亦稍有依泥洹者。但如大段文字，泥洹所有，而北本所無者，南本例不增

(8)

入。如泥洹序品有六恒河沙一段,問菩薩品首段迦葉問何爲菩薩,均北本所缺,而南本亦未敢增加也。至若南本文字品開首有佛復告迦葉一語,月喩品開首有佛告迦葉一語,均爲北本所無,泥洹所有,則係因加分品目,而增入者也。總之,南北二本之不同,一爲品目之增加,此僅及北本之前五品;二爲文字上之修治,則南北本相差更甚微也。

(4) 竺道生事蹟

我國譯經自道安之後大盛。道安主持長安之譯經,所出多屬一切有部。羅什在長安時,所出注重般若三論。曇無讖在涼州所譯,以涅槃爲最要。竺道生者蓋能直接此三源頭,吸收衆流,又加之以慧解,固是中華佛學史上有數之人才。劉宋時人王微以之比郭林宗,乃爲之立傳,旌其遺德。而釋慧琳竺道生法師誄文推崇亦備至。(見廣弘明集僧行篇。) 文有曰:

乃收迷獨運,存履遺迹,於是衆經雲披,群疑冰釋,釋迦之旨淡然可尋,珍怪之辭皆成通論。聘周之伸名敎,秀弱之領玄心,於此爲易矣。

竺道生本姓魏。高僧傳曰鉅鹿人,寓居彭城。(誄文彭城人,宋書九十七,祐錄十五均同。) 家世仕族。父爲廣戚縣令,(誄文祐錄同,廣戚晉屬彭城國,宋書作廣武則屬雁門郡。)鄉里稱爲善人。生幼而穎悟,聰哲若神,其父知非凡器,愛而異之。後值沙門竺法汰,(祐錄麗本作法太道人,宋書法大誄文法汰。)遂改俗歸依,伏膺受業。因從時習,故姓竺也。旣踐法門,儁思奇拔。研味句義,卽自開解。故年在志學,(誄文祐錄同,宋書作十五亦同。)便登講座,吐納問辯,辭清珠玉。誄文曰:

竺道生與涅槃學

于時望道才僧,著名之士,莫不窮詞挫慮,服其精致,鑾連之屈田巴,項託之抗孔叟,殆不過矣。

按竺道生不知壽若干歲及生於何年。按南京瓦官寺立於興寧年中。(三六三至三六五,見法汰及慧力傳。)竺法汰下都,居瓦官寺。簡文帝敬重之,請講放光經;開題大會,帝親臨幸,王侯公卿莫不畢集。按簡文帝在位僅二年,(三七一至三七二)其時瓦官寺創立未久;及汰居之,乃拓房宇,修立衆業。(見高僧傳法汰傳。)是汰之來都在興寧年後,簡文帝之世也。但世說新語賞譽篇載法汰北來未知名,王領軍供養之,因此名遂重云云。查王洽卒於升平二年,(三五八)則法汰到京實在立瓦官寺前數年。而汰後卒於南京,係太元十二年。自升平之初至此共三十一年。竺道生出家即在此三十一年間。據高僧傳,簡文帝請法汰講般若,時黑白觀聽,士庶成群,三吳負袠至者數千。道生之出家,或在是時。(三七一至三七二)又其後若干年,而道生年十五。(如假定在三七五年,而道生死於四三四,則道生壽六十歲。)又其後約五年,當二十歲時,受具足戒。祐錄曰:"年至具戒,器鑒日躋,講演之聲,遍於區夏,王公貴勝,並聞風造席;廡幾之士,皆千里命駕。生風雅從容,善於接誘,共性烈而温,共氣清而穆,故豫在言對,莫不披心焉。"

高僧傳謂生與叡公(當為慧叡)及慧嚴慧觀同學齊名。叡等三人均未聞其為法汰弟子。此曰同學,蓋謂同學於鳩摩羅什也。慧觀曾師慧遠。然生公則未聞為遠弟子。且法汰與安公同學,故道生與遠公為平輩。至若世傳道生入白蓮社為十八高賢之一。按關於遠公立白蓮社之傳說,多荒唐不

(10)

可信。而遠公與劉程之等誓生西方（四〇二），在最早記載如祐錄僧傳俱無道生之名。亦未可信其在誓生西方百二十三人中也。

誄文謂生中年遊學，廣搜異聞。是生公當於三四十歲時去揚都遊學。先至廬山，卽在其時得見罽賓義學沙門僧迦提婆。查提婆在安公死（三八五）後至洛邑，數年後乃至廬山。於太元十六年在山譯陀毗曇心。（三九一，見祐錄，該論未詳作者序文及遠公序。）至隆安元年（三九七）提婆東下京師。

道生應在太元之末數年至廬，得見提婆，從習一切有部義。按名僧傳抄，載名僧傳目錄，其卷十如下：

名僧傳第十（隱道下中國法師六）

晉故章崐山支曇諦一

晉吳虎丘東竺道寶二

僞蜀郡龍淵寺慧持三

（中略）

宋尋陽廬山西寺道生十（下略）

而名僧傳抄之說處中卷十則如下：

第十

曇諦講法華大品維摩各十五遍事。

慧持九歲隨兄(原作兇)同爲誓生，俱依釋道安抽簪落髮事。

慧持辭惠遠之處，入蜀之時，契以西方爲期事。

廬山西寺竺道生事。

慧遠廬山習有宗事。（下略）

據名僧傳卷十，首敍曇諦，內載其講經事。（高僧傳亦載之。）

次為道寶。再次為惠持,內紱其共兄慧遠從安公出家,及後入蜀事。及至第十傳,則為竺道生。其中乃載有慧遠廬山習有宗事。依此推之,竺道生或與遠公同從提婆習一切有部之學。不然者,則名僧傳何以於道生傳中,載遠習有宗事耶？據祐錄載竺道生於隆安中遊廬山,則生見提婆應在建業,（提婆隆安元年到京師。）然與上所述牴牾。且慧皎抄襲祐錄之傳,而隆安中三字則除去,可見皎亦疑之。且如生果於隆安中到匡山,並居彼七年,則其至關中,必遠在什公入關數年之後。夫道生聞什之來,當急欲相見,必不若是之遲滯也。

僧傳曰："生常以入道之要,慧解為本,故鑽仰群經,斟酌雜論,萬里隨法,不憚疲苦。後與慧叡慧嚴同遊長安,從什公受學。"而祐錄謂慧觀亦同行。慧皎傳曰："叡觀二人先遊廬山,聞什公入關,乃自南徂北。"據此則二人者亦當曾與遠生二公同習提婆之學,後又共道生入關也。道生誄文叙生之見聞曰：

中年遊學,廣搜異聞,自揚徂秦,登廬躡霍。羅什大乘之趣,提婆小道之要,咸暢斯旨,究舉其奧。所聞日優,所見踰躓。

生公在關中,僧衆咸稱其秀悟。按續僧傳六,載齊王儉曰："昔竺道生入長安,姚興於逍遙園見之,使難道融義,往復百翻,言無不切。衆皆覩其風神,服其英秀。"肇論載劉遺民與僧肇書曰：

去年夏末,始見生上人,示無知論。

肇公答書又曰：

生上人頃在此,同止數年。至於言話之際,常相稱詠。中途

竺道生與涅槃學

還南,君得與相見,未更近問,悒怏何言。

按肇公作書應在晉義熙六年八月十五日。(見原書)而劉書則寄於前一年(四○九)之十二月。而在其前又一年夏末生公南歸至廬山,以肇著之般若無知論示劉遺民,蓋爲義熙四年也。

生公想係下都,路經廬山,不久即東去。故祐錄曰:"義熙五年還都,因停京師。"(四○九) 道生還都,止青園寺;宋文帝王弘范泰顏延之均敬重之。(見僧傳) 元嘉中年范泰因爭蹲食,上表文帝,帝並下詔答之。表與詔書均言及慧嚴道生慧觀三道人。可見生公與嚴觀蓋朝廷上下所重視者也。

道生還京,僧傳謂住青園寺。劉宋初有二青園寺。一見於高僧傳,爲道生所住,是晉恭思皇后褚氏所立;本種青處,因以爲名,生既當時法匠,請以居焉。一見於比丘尼傳,業首尼所居;元嘉三年王景深母范氏以王坦之故祠堂地,施與首起立寺舍,名曰青園。此寺似在前寺之東,故比丘尼傳稱爲東青園。二寺一立於晉時,一立於元嘉三年也。道生住寺,後改名龍光。據景定至元二志,龍光寺亦有二。道生所居謂在覆舟山下。宋元嘉二年號青園。(此當非確。) 另一龍光禪院,在龍光門外。(約在今南京旱西門外。) 而舊志有以禪院爲道生所居者,景定志以爲非是。按龍光門,宋及元時金陵城乃有此名。龍光禪院想因門得名。其建立或在宋代後也。又祐錄謂道生未至廬山之前,已住龍光寺,僧傳無此語,可見慧皎以爲祐錄誤也。且此寺或立於晉義熙中,時恭帝尚未爲帝,而生公去廬則在義熙之前也。

生公在匡山,學於提婆,是爲其學問第一幕。在長安,受業什公,是爲其學問之第二幕。及其於晉義熙五年(四〇九)兩返至建業,宋元嘉十年卒於廬山,(四三四)中經二十五年,事蹟不詳,且不能確定其年月;但其大行提倡涅槃之敎,正在此時,是則爲其學問之第三幕。

　　法顯携來之六卷泥洹,於義熙十三年十月一日譯出,即在道生還建業後之八年。涅槃佛性之說,生公似早有所悟。據高僧傳曰:

　　生既潛思日久,徹悟言外,迺喟然嘆曰: 夫象以盡意,得意則忘象;言以詮理,入理則言息;自經典東流,譯人重阻,多守滯文,鮮見圓義,若忘筌取魚,始可與言道矣。於是校閲眞俗,研思因果,迺言善不受報,頓悟成佛。又著二諦論,佛性當有論,法身無色論,佛無淨土論,應有緣論等,(祐錄未言及此五論。)籠罩舊說,妙有淵旨。而守文之徒,多生嫌嫉,與奪之聲,紛然競起。

生公立頓悟佛性諸義,不知在何年。惟據文而言,則生因潛思日久,徹悟言外,故立諸義,似與泥洹之譯無關也。泥洹既至京師,當時人必已驚其爲異說,初不必待生公之發揮也。祐錄載之出經後記(全文見前)有曰,"願一切衆生悉成平等如來法身;"是譯經時,衆人已知佛性義爲此經之特點。而彼記又曰,"于時坐有二百五十人,"而喩疑論謂有"百有餘人;"二數雖不同,然當時同情於斯經者,要非只生公一人。斯經譯後,引起學界之大波瀾。慧叡喩疑論曰:

　　今大般泥洹經,法顯道人遠尋眞本,於天竺得之,持至揚都,大集京師義學之僧百有餘人。禪師(指佛陀跋多羅)參而譯之,詳而出之。此經云：泥洹不滅，佛有眞我。一切衆生，皆有佛性。皆有佛性，學得成佛。佛有眞我，故聖鏡特宗，而爲衆聖中王。泥洹永存，爲應照之本，大化不泯，眞本存焉。而復致疑，安於漸照，而排跋眞誨。任其偏執，而自幽不救。其可如乎！此正是法華開佛知見。開佛知見，今始可悟。金以瑩明，顯發可知。而復非之，大化之由，而有此心，經言闡提，眞不虛也。

慧叡痛斥時人之唯相是非，執競盈路。喩疑論之作，蓋在紓時人之疑泥洹。而其談皆有佛性，斥安於漸照，則全同情於道生之言論者。喩疑論又曰：

此大般泥洹經旣出之後，而有嫌其文不便者，而更改之，人情少惑。有慧祐道人私以正本雇人寫之。容書之家，忽然火起；三十餘家，一時蕩然。寫經人於灰火之中，求銅鐵器物；忽見所寫經本，在火不燒。及其所寫一紙，陌外亦燒，字亦無損。

餘諸巾紙，寫經竹筒，皆爲灰燼。

此事亦見慧皎之法顯傳中。（稍不同。）無論爲僞造或誤傳，而當時信泥洹之人，必常見於此經之被疑而取此事證其不妄。（由此可見曇無讖記盜遮槃經事亦有同樣作用。）且論文言人情少惑云云，必有人疑全書係僞造者。弘明集范泰致生觀二法師書有曰：

外國風俗還自不同。提婆始來，義觀（亦作義親）之徒，莫不沐浴鑽仰，此蓋小乘法耳。便謂理之所極，謂無生方等之經，皆是魔書。提婆末後說經，乃不登高座。法顯後至，泥洹始唱，便謂常住之言，衆理之最；般若宗極，皆出其下。以此推之，便是無主於內，有聞輒譏。譬之於射，後破奪先。

此短簡數語直概括東晉佛學之全部歷史。中國義學僧人先談般若，如道安法深法汰支遁等皆是也。及提婆旣來，而廬山南京諸僧(即所謂義觀之徒)乃從而競學。甚至且有誹議般若者。喻疑論曰：

慧導之非大品，而尊重三藏。

三藏指小乘，慧導者或即因學有部而指方等爲魔書者也。及法顯之六卷泥洹至，而宗之者亦大有人在。道生慧叡慧嚴觀皆信新說，而疑之者亦不乏人。如中興寺僧嵩信大品而非涅槃。(中論疏卷三。) 高僧傳謂其兼明數論，末年僻執，謂佛不應常住，臨終之日，舌本先爛。(中論疏所記頗不同。) 祐錄卷五，謂彭城僧淵誹謗涅槃，舌根銷爛。(此事不見高僧傳恐係僧嵩事誤傳。)

按喻疑論不知作於何時。然觀其僅言及法顯之泥洹則必在曇無讖大本流行以前。范泰之書，係論躃食，同時並有書致王司徒諸公。王司徒者，王弘，字休元。元嘉三年(四二六)正月爲司徒，五年(四二八)六月降爲衛將軍。八月而范泰卒。范泰致生觀之書中，亦僅言法顯六卷本，則其時大本涅槃經仍未行世.時叡公作喻疑論，范氏譏信泥洹者之無主於內，可見誹議新經之烈。新經之領袖，當爲道生。立佛性頓悟義，而性復剛烈；(二字見誄)鋒芒或太露，爲時所忌。故誄文有曰：

物忌光頴，人疵貞越，怨結同服，好折羣遊。

此蓋叙生公被擯事。其被擯之故，祐錄僧傳均謂因立"一闡提皆得成佛"義。傳曰：

竺道生與涅槃學

又六卷泥洹先至京都,生剖析經理,洞入幽微;乃說一闡提人皆得成佛。 於是大本未傳,孤明先發,獨見忤衆。 於是舊學以爲邪說,譏憤滋甚,遂顯大衆擯而遣之。 生於大衆中,正容誓曰: "若我所說,反於經義者,請於現身即表癘疾! 若於實相不相違背者,願捨壽之時,據獅子座!" 言竟拂衣而逝。

初投吳之虎丘山,旬日之中,學徒數百。(祐錄不載生居虎丘事。) 其年夏,雷震青園佛殿,龍昇於天,光影西壁,因改寺名號曰龍光。 時人嘆曰, "龍既已去,生必行矣!" 俄而投迹廬山,銷影巖岫。 山中僧衆,咸共敬服。 後涅槃大本至於南京,果稱闡提悉有佛性,與前所說,合若符契。

范泰致生觀二法師書在元嘉三年至五年頃。 生公猶住青園寺。 但當在元嘉五六年中即被擯。 何以言之? 蓋謝靈運爲與嚴觀二師共修改大本之人。 其修改場所應在京內。(嚴觀均京師僧。) 在元嘉三年以後,康樂只到京二次。 第一次在元嘉三年,被徵爲秘書監,至六年乞假東歸。 此時大本未至建業。 蓋祐錄道生傳曰, "生以元嘉七年投迹廬阜,……俄而大涅槃經至於京都。" 而隋碩(亦作磧)法師三論遊意義,亦謂元嘉七年涅槃至揚州。 是年謝靈運因孟顗陳其有異志,乃馳至京師。 因大本至而與嚴觀二法師共改治之。 是時生公已自虎丘隱居匡山。 故生公之被擯應在元嘉五六年中也。(四二八至四二九。)

雷震青園佛寺,龍昇於天,而道生去京,必爲一時佳話。 而祐錄竟無此段。 豈疑之乎? 據宋書五行志,元嘉四年至九年均有雷震,而尤以五年爲甚,謂: "震太廟,破東鴟尾,徹壁柱"。

竺道生與涅槃學

而景定建康志以爲龍見於覆舟山在元嘉五年。（但原文所述頗有牴牾。）豈生公之行在五年歟？但祐錄卷二卷四均謂景平元年譯五分律於龍光寺，道生參與其事。青園如於元嘉時改名龍光，景平時則不應稱爲龍光也。

道生被擯，居於虎丘。虎丘有法綱法師，想即與謝靈運辯頓悟義之人。綱卒於元嘉十一年十一月。道生卒於其前一月。釋慧琳爲二人均各作誄。其武丘法綱法師誄有曰："懷遊居之虎丘，悼冥滅之廬嶺。"以臆度之，係並哀二僧。或二人素相友善，則道生之居虎丘或在法綱所也。（生公在虎丘說法頑石點頭傳說，不知始於何時？中吳紀聞謂見於四蕃志。四蕃志不知何書？四蕃志與蘇州府志等書所記均畧有不同。）然據僧傳生不久即隱遁匡山。祐錄謂其至廬山在元嘉七年。不久涅槃大本至京師，或經修治後，即達廬阜。道生乃即講之。（三論遊意義謂觀法師請生公講此。）大本中果有闡提成佛之語，京中僧人中不但悟生公之卓識，而信涅槃義者當更多矣。

道生法華經疏序曰：

聊於講日，疏錄所聞，述記先言，其猶鼓生。又以元嘉九年春之三月於廬山東林精舍又治定之。加採訪衆本，具成一卷。（一字恐係二字。）

元嘉九年(四三二)春生公居東林寺，再治法華疏。據名僧傳抄寶唱稱道生爲廬山西寺釋，則生常住之處，或實爲西林寺也。祐錄曰：

生既獲新經，尋即建講，以宋元嘉十一年冬十月庚子於廬山精舍昇於法座，神色開明，德音駿發，論議數番，窮理盡妙。觀

(18)

聽之衆,莫不悅悟。去席將畢,忽見麈尾紛然而墜,端坐正容,隱机而卒。顏色不異,似若入定。道俗嗟嘆,遠近悲涼。於是京邑諸僧內慚自疚,追而信服。其神鑒之至,徵瑞如此。仍葬於廬山之阜。(僧傳文同,惟十月作十一月當是誤寫。) 此蓋完成其出都時"據獅子座"之願言,證實其立說之不妄。南齊大明四年慈法師勝鬘經序亦謂生至元嘉十一年於講座之上遷神異世。(見祐錄) 然宋慧琳誄文則毫未言及,事恐未確也。

(5) 竺道生之著作

生公之著作現已散佚不全,茲列其目於下:

維摩經義疏　　見祐錄十五。東域錄作三卷。按今存之維摩經注及關中疏,均摘抄生公義疏,惟當未全錄。祐錄曰,關中沙門僧肇始注維摩,世咸味玩;及生更發深旨,顯暢新異,講學之匠,咸共憲章云云。按肇公致劉遺民書時,曾附贈其維摩注,事在義熙六年。生公之注維摩,或更在此年後也。

妙法蓮經疏上下二卷　　見祐錄十五。收入日本續藏經一輯二編乙,第二十三套第四冊中。日本天台章疏錄,東域錄,均著錄。又名畧疏。

泥洹經義疏　　見祐錄十五。此應為六卷本之疏。查涅槃經集解中,錄有道生之言。則生公另有大本之注疏。

小品經義疏　　見祐錄十五。

善不受報義　　見祐錄十五,參看僧傳。

頓悟成佛義　　仝上。此二義生公似各曾為文發揮其義。

二諦論　　　見僧傳本傳。
佛性當有論　　仝上。
法身無色論　　仝上。
佛無淨土論　　仝上。
應有緣論　　仝上。
釋八住初心欲取泥洹義
辯佛性義　　上二均見祐錄所載之陸澄法論目錄第二帙，
　　覺性集中。佛性義並有注曰："竺道生；王問，竺答。" 按
　　之上文，王係王謐，字稚遠。內典錄載法論目錄，直作"王
　　稚遠問。"
竺道生答王(休元)問一首　　生公答王弘問頓悟義。現存
　　廣弘明集中。
十四科元贊義記　　宋史志著錄。（日本智證請來目錄東
　　域錄均作"十四科義一本。"）
又陸澄目錄第九帙，慧藏集中有下列諸項：
　問竺道生諸道人佛義，范伯倫。
　衆僧述范問。
　范重問道生，往反三首。
　傅季友答范伯倫書。
　　上四項似一時往反之辯答。傅季友死於元嘉三年，則諸
　　書之作：在此前。既稱問佛義，或即辯佛性之理也。
又同目錄第六帙，敎門集有下列一條：
　與竺道生書，劉遺民。
　　此書既不存，不知論何事，亦不知生公有答書否。但竺

道生曾自長安攜鑒之般若無知論示遺民,則二人甚友好。

(6) 晉末宋初之研究涅槃者

涅槃之譯出為北涼之曇無讖,而最初光大之者,反多由南方羅什之弟子,此中以生公為中心。此外則下列諸人(均卒於元嘉前均與涅槃有關。

慧叡　什公弟子,作喻疑論。

慧嚴　什公弟子,治改北本。

慧觀　什公弟子,治改北本,並論"頓悟""漸悟"義。

慧靜　東阿人,著涅槃略記,大品旨歸,達命論,注法華思益,多流行北土,不甚過江。

僧弼　信"涅槃佛性"義,下詳。

道汪　遠公弟子,善涅槃。

謝靈運　述生公"頓悟"義,改治北本。

(7) 頓悟漸悟之爭

頓悟漸悟之爭,至宋初而甚盛。六朝章疏分頓有大小。慧達肇論疏謂,頓悟有兩解,竺道生執大頓悟,支道林道安慧遠匡法師及僧肇均屬小頓悟;文繁茲不詳抄。而隋碩法師三論遊意義亦曰:

用小頓悟師,有六家也:一肇師,二支道林師,三真安埵師,四邪通師,五匡山遠師,六道安師也。此師等云,七地以上悟無生忍也。(合年天子) 竺道生(原文奪生字)師用大頓悟義也。(小緣天子) 金剛以還,皆是大夢;金剛以後,皆是大覺也。(此中"合年天子""小緣天子"八字,不知何解,疑為衍文。)

分頓悟為兩解及數家,當在道生以後。但謂生公前即有

(21)

頓悟義,則南齊劉虬已言之。其無量義經序言安公道林之言合於頓義。而世說文學篇注曰:

支法師傳曰:法師研十地,則知頓悟於七住。

此支法師傳如為郗景與之序傳,則晉世已謂支公持頓義矣。

僧肇於什公死後作涅槃無名論,難差第八,辯差第九,責異第十,會異第十一,詰漸第十二,明漸第十三,均實辯頓漸之理也。頓漸之辯甚流行,可知也。(但肇此論或偽作。)

然頓悟之義,究始於竺道生,其餘支道林諸說自生公視之當均是漸悟非真頓也。高僧傳謂生校閱真俗,研思因果,迺言善不受報,頓悟成佛。又謂時人以生推闡提得佛,此語有據。頓悟,不受報等,時亦憲章。宋書九十七敘生事曰,及長有異解,立頓悟義,時人推服之。可見生公之聲名,因其多獨到。而獨到處之最有名者,為頓悟成佛義。當時於此,大生爭執。祐錄載陸澄法論第九帙,慧藏集著錄下列諸項。

辯宗論　　謝靈運（廣弘明集載之）。

法勗問往反六首　　（仝上。）

僧維問往反六首　　（仝上。）

慧驎述僧維問往反六首　　（仝上。）

驎新(亦作雜)問往反六首　　（仝上驎新廣弘明集作驎維。）

竺法綱釋慧林問往反十一首　　（仝上,林集作琳。）

王休元問往反十四首　　（仝上,王問題為"問謝永嘉,"謝答題為"答王衛軍。"）

竺道生答王問一首　　（仝上。）

漸悟論　　釋慧觀　　沙門竺道生執頓悟,謝康樂靈運辯宗述頓悟;沙門釋慧觀執漸悟。(此段二十六字乃小注或係後人羼入。)

明漸論　　釋曇無成。

謝靈運辯宗論及下問答共八項,均載弘明集中。據彼論稱,乃述新論道士之說。此新論道士當即指道生,其證有二。(一)王弘(字休元時爲衞將軍)旣與謝辯頓義,往反多次;後即將其問答送示生公,必因生公爲原來立此義之人,故以之就正也。(二)陸澄目錄內稱道生執頓悟,謝康樂述頓悟,是謝述生之義也。故慧達肇論疏曰,"謝康樂靈運辯(原作弁)宗,述生師頓悟也。"(生覆王弘書亦謂謝論都無間然;是生公以謝之頓說爲然也。)

又據謝致王休元書有曰,"海嶠岨迴,披敘無期,"是可證斯論之作,在康樂爲永嘉太守時,即永初三年七月至景平元年秋也。因此道生書中,稱康樂爲謝永嘉也。而永初元年江州刺史王弘進爲衞將軍,開府儀同三司,景平二年詔召弘入京;是作論時,謝在永嘉,王在江州也。而據祐錄景平元年七月,(此據卷二,而卷十五作十一月。)沙門竺道生釋慧嚴請罽賓律師佛馱什於京都龍光寺譯出彌沙塞律等三部三十六卷。彌沙塞律乃法顯所得本也。據此則景平元年,生在南京。或謝作論之時,生公亦在都邑也。問答諸僧之法綱,或卽慧琳爲作誄之虎丘法綱。而初廬陵王義眞與謝靈運顏延年慧琳道人情好欵密,朝臣徐羨之惡義眞,遂出謝爲永嘉太守,慧琳恐亦出都;謝書係與綱琳二人,則二人恐同在虎丘。又據康樂辯宗論謂同遊(遊永嘉山水也。)有諸道人。問答之中,有法勗僧維慧驎等,當卽在永嘉同遊者也。王弘書內稱此閒道人,故有小小

竺道生與涅槃學

不同,當係王會與江州僧人論頓悟也。因是頓悟義之爭辯,廣及永嘉虎丘南京江州諸地,亦可謂大觀矣。

生公唱頓悟義,康樂演述之,事在永初三年七月至景平元年秋,(四二二至四二三)是遠在大本涅槃南來以前。當時已顯分二派。持漸悟者,首稱慧觀。陸澄法論著錄其漸悟論。(見前)高僧傳觀傳曰:

著辯宗論,論頓悟漸悟。

此蓋即指漸悟論;謂論名"辯宗,"與謝氏同,則係誤記也。曇無成亦著明漸論;(見前引)成亦元嘉中卒,或亦當時此項論戰中之一人。至於與康樂辯論之法勗僧維慧驎法綱慧琳王休元以及江州僧人均致疑頓說者。而宗少文亦同時人,並執漸悟。外此尚有僧弼。(見下)至若頓派,則生公謝侯之外,有慧叡。其喻疑論斥疑泥洹者安於漸照,則可知其本執頓悟。而頓家又有宋文帝。文帝甚重生公。生傳曰:

宋太祖文皇深加嘆重。後太祖設會,帝親同衆御於地筵;下食良久,衆咸疑日晚,帝曰,"始可中耳。"生曰:"白日麗天,天言始中,何得非中?"遂取鉢便食,於是一衆從之。莫不歎其樞機得衷。

及生公死後,僧傳謂文帝嘗述生頓悟義,沙門僧弼等皆設巨辯。帝曰:"若使逝者可興,豈爲諸君所屈?"僧弼蓋執漸悟者,卒於元嘉十九年,曾從什公受學;後住建業彭城寺,亦爲文帝所敬。據日人安澄中論疏記引其所作丈六即眞論,闡明佛性,蓋亦信涅槃者。至若生公死後頓漸之爭,則於後詳之。

(8) 謝靈運事蹟年表

竺道生與涅槃學

康樂一生常與佛徒發生因緣,曾見慧遠於匡廬,與曇隆遊嶀嶊,與慧琳法流等交善。著辯宗論申道生頓悟之義。又嘗注金剛般若。(文選注引之,又見廣弘明集金剛集注序。) 與慧嚴慧觀等修改大本涅槃。近日黃晦聞先生論康樂之詩,謂其能融合儒佛老,可見其濡染之深。茲考其事蹟之特與佛教有關者,為年表如下。

晉孝武帝太元十年,生。

晉安帝義熙元年,三月,琅琊王(後為恭帝)受命為大司馬,以康樂為大司馬參軍。同年五月,劉毅為豫州刺史,鎮姑熟,愛才好士,當世名流莫不輻湊;康樂當亦經延致。(毅又與其叔祖謝混交結。)

義熙七年,四月劉毅兼江州刺史,命其親將趙恢領千兵守尋陽。康樂或於此時亦到尋陽,並入山見遠公,

義熙八年,四月詔以劉毅為荊州刺史。毅割豫州文武江州兵力萬餘人自隨,九月至江陵。康樂如未於七年到尋陽,此次當隨毅道出江州。毅在此調度軍兵,當稍逗留。康樂因得遊山,見遠公。高僧傳慧遠傳曰:陳郡謝靈運負才傲俗,少所推崇,及一相見,肅然心服,云云。事當在此時。按遠公於元興元年立誓往生,在謝到江州前十一年。世傳遠公不許謝入蓮社,恐無此事。又據謝之佛影銘序,謂法顯歸來(義熙十年)述及佛影,遠公聞風摹擬,並令僧人道秉遠宣意旨,令謝作銘。(此時謝在京。)則遠公非十分鄙夷康樂者。義熙十三年遠公卒,謝為作誄載廣弘明集中。又東林寺立遠法師碑,其銘乃出康樂手筆,而序乃張野作,

竺道生與涅槃學

載佛祖統紀中。(參看陳舜俞廬山記。)

同年,十月劉裕率師至江陵討毅;破之,毅死。十一月裕至江陵。毅府參軍申永勸裕貫敘門次,顯擢才能。裕從之,因辟名士。康樂爲太尉參軍。

九年,二月裕東下,係兼程而進。康樂如隨行,道出江州,當不能見遠公,即見亦不久。

宋武帝永初元年　范泰立祇洹寺,立佛像,致書康樂,請爲作讚。謝爲作三首。其從弟惠連亦作一首。

永初三年,七月康樂出守永嘉郡,遍遊名山水。同行有諸道人。謝於在郡時作辯宗論。

少帝景平元年,秋,康樂稱疾去職,後移居會稽。先是有曇隆道人者,初居匡山石門香爐峯,六年不下嶺,後在上虞徐山。迨康樂謝病東山時,來從遊。同涉嶺巘,共二年。道人逝世,謝爲作誄。文有曰:"緬念生平,同幽共深,相率經始,偕是登臨;開石通澗,剔柯疏林,遠眺重疊,近矚崎嶔。事寡地閑,尋微探賾,何句不研,奚疑弗析;峽舒軸卷,藏拔紙襞,問來答往,俾日餘夕。"此中"開石通澗"等句頗可證宋書謝伐木開徑之事爲不虛。而觀其謂"問來答往"且證以謝遊永嘉作辯宗論之往復問答,可見謝與僧人交好,非徒事閑遊也。又據康樂山居賦自注,稱有曇隆(原本作降) 法流二 法師辭恩愛入山絕緣,魚肉不入口,糞掃必在體,謝遇之東山石門瀑布,相與以西方爲期,並恨相見之晚。(按高僧傳僧鏡傳有道流,或即此法流。)

文帝元嘉三年,徵謝爲秘書監。

(26)

元嘉五年,康樂假東歸,後免官。

元嘉三年至五年, 約在此年中范泰致書生觀二法師,言及當時義學僧之信泥洹,可證道生時仍居青園寺。

元嘉五年至六年 約在此年中,道生被擯,出居虎丘,

元嘉七年 道生徙居匡廬。(此據祐錄。) 會稽太守孟顗表陳謝有異志;康樂馳詣闕上表自陳,表中言"居東已三年。"文帝不罪之。 是時涅槃大經至建業慧嚴慧觀與康樂改治之。 後文帝以謝為臨川內史。 康樂之郡,道遊匡廬。 後得罪,徙廣州。

元嘉十年,康樂被殺於廣州,年四十九。

元嘉十一年,冬十月庚子,竺道生卒於廬山。

II

(9) 存神之論

佛教之三法印,曰"無常",曰"苦",曰"無我"。 此中尤以"無我"為佛理之特色。 釋氏之所以別於外道者,抑亦在乎是;蓋一切外道莫不常於生滅無常諸法中,強求其所謂"我"。 諸法念念生滅,而凡夫見法之相似,雖念念生滅,乃亦計之為常。 於是由其所謂常者,建立其所謂我。 依大乘涅槃之理言之,則外道凡夫俱未了佛之所謂常樂淨我也。(參看北本聖行品之四。) 然佛學當兩晉之際,初昌明於中夏。 震旦人士觀乎報應禍福之說,以及大乘成佛之理,以為必有神在。 范蔚宗西傳域論評佛教曰:

又精靈起滅,因報相尋,若曉而昧者,故通人多惑焉。

袁彥伯後漢紀亦曰：

又以爲人死神精不滅，隨後受形。生時所行善惡，皆有報應。故所貴行善修道，以練神精而不已，以至無爲，而得爲佛也。

袁范蓋就其所見聞，述自漢以後之佛理，而皆以神明受報爲其要義焉。僧叡毘摩羅詰提義疏序亦有曰：

此土先出，諸經於識神性空，明言處少。存神之文，其處甚多。

此所謂存神之文，指關於六道輪迴地獄報應諸說也。而鬼神之說，不但常人因禍福報應而生信心，卽義學之人，固亦常持存神之說，般若諸家，多空形色。支敏度立心無義，則羣情大詫。當時凡反對佛敎嘗持神滅。蓋因神之不滅，爲其時中國人士認爲佛法之根本義也。

試攷當羅什以前其所謂"神"者，或不出二義。一爲神實沈於生死之我。一爲神明住壽。按四十二章經曰，"惡心垢盡，乃知魂靈所從來，生死所趣向，諸佛國土道德所在耳。"牟子理惑論曰，"有道雖死，神歸福堂；爲惡旣死，神當其殃。"晉郄超奉法要曰，"四非常，一曰無常，二曰苦，三曰空，四曰非身。""非身"者蓋"無我"之異譯。然旣曰非身，則其惟空形色，不達心法之無常非我可知也。故景興之解非身曰，"神無常宅，遷化靡停，謂之非身。"神者蓋沈於死生，以身爲宅府之我也。又四十二章經曰，"佛言，阿羅漢者，能飛行變化，住壽命，動天地。"康僧會安般守意經序有"制天地住壽命"之語。道安陰持入經亦言"住壽成道。"又據大乘大義章所載廬山慧遠曾以書諮什公，問菩薩可住壽一刧有餘。什公答曰，"若言住壽一刧有餘者，無有此說，傳之者妄。"又曰，"摩訶衍經曰，若欲壽恒河沙刧者,此是假言,竟不說人名。" 自般若之學大昌以來,中土學人漸了然於五陰之本無,漸了然於慧叡所言之 "識神性空。" 住壽之說與法身之理相牴牾,故慧遠已疑其為 "傳譯失旨。" 夫法身實相,無來無去,同於泥洹,無為無作。(上二語見大義章卷上。) 則輪轉生死益算住壽之神,謂為佛法之根本義,實誤解也。祐錄陸澄法論目錄載王稚遠問什公,"泥洹有神不?" 今雖其文已佚,不知什公何答,然可斷言其必謂泥洹有神之說,為 "傳之者妄" 也。

(10) 佛性常住之說

涅槃佛性之說,為般若法身實相之引申。涅槃經為般若經理論應有之結案,即涅槃經中,已認其源出般若。如北本卷八曰:

善男子,我與無我性相無二,汝應如是受持頂戴。善男子,汝亦應當堅持憶念如是經典。如我先於摩訶般若波羅密經中說,我無我無有二相。

又卷十四有曰:

善男子,譬如從牛出乳,從酪出生酥,從生酥出熟酥,從熟酥出醍醐,醍醐最上,若有服者,衆病皆除,所有諸藥,悉入其中。善男子,佛亦如是。從佛出生十二部經,從十二部經出 "修多羅,"從 "修多羅" 出方等經,從方等經出般若波羅密,從般若波羅密出大涅槃,猶如醍醐。言醍醐者,喻於佛性,佛性者即是如來。

中土自魏朱士行遠求放光之後,般若之學,風行海內。至兩晉時尤為極盛。涅槃佛性之旨,雖般若諸經所未明言;但既

竺道生與涅槃學

為般若經中題中應有之義,中國明慧妙思之士早悟涅槃之義,亦自非不可能。據高僧傳慧遠傳,則遠公已持泥洹常住之說。其文曰:

先是中土未有泥洹常住之說,但言壽命長遠而已。遠乃歎曰,"佛是至極則無變;無變之理豈有窮耶?"因著法性論曰,"至極以不變為性,得性以體極為宗。"羅什見而歎曰,"邊國人未有經,便闇與理合,豈不妙哉!"

考此段係引祐錄之文,而僧祐則採自遠公碑銘。錄及碑文與此皆不同,均未以遠公之言與常住之說並比。據此則僧傳中此段乃已經人增改,或泥洹經來後所加之解釋也。又慧叡喻疑論亦謂什公已持性佛義。但未見經文,未能暢言。其文曰:

什公時雖未有大般泥洹文,已有法身經,明佛法身即是"泥洹;"與今所出,若合符契。此公若得聞此,佛有真我,一切眾生,皆有佛性,便當應如白日朗其胸衿,甘露潤其四體,無所疑也。何以知之?每至苦問:"佛之真主,亦復虛妄,積功累德,誰為不惑之本?"或時有言:"佛若虛妄,誰為真者?若是虛妄,誰為其主?"如其所探,今言佛有真業,眾生有真性,雖未見其經證,明評量意,便為不乖。而亦曾問:"此土先有經言,一切眾生,皆當作佛,此云何?"答言"法華開佛知見,亦可皆有為佛性。若有佛性,復何為不得皆作佛耶?但此法華所明,明其唯有佛乘無二無三;不明一切眾生皆當作佛。皆當作佛,我未見之,亦不抑言無也。"若得聞此正言,真是會其心府,故知聞之必深信受。

此述敍在長安親聞之什公辯答語。涅槃經所謂一切衆生皆有佛性,皆得成佛,雖未見有經文;然亦不抑言無也。法華方便品首言開佛知見。衆生有佛知見,道生以後每解作爲衆生皆有佛性也。(佛知見據梵文應爲對於如來之知有所見。)

(11) 竺道生佛性當有論

夫涅槃旣出於般若,竺道生爲深於般若者;羅什旣曾引法華談佛性之旨,竺道生爲羅什入室,而又精於法華;故獨運慧心而早暢談涅槃之義。其所作佛性當有論已佚,亦不悉作於何時。按生公維摩經注已說佛性,此注亦不知作於何年。然肇公之注在義熙六年到江南,祐錄謂生在肇注後更發深旨,暢顯新異;則或亦在肇注後不久,而在譯泥洹以前也。(譯在義熙十三年。) 此推論若確,則生公立佛性之說,亦在有泥洹之前矣。維摩經有曰,"佛身者即法身也。" 而生公之註,直陳涅槃義。其文曰:

夫佛身者,丈六體也。丈六體者,從法身出也。以從出名之,故曰即法身也。法者無非法義也。無非法義,即無相實也。身者,此義之體。法身眞實,丈六應假。將何以明之哉? 悟夫法者,封惑永盡,髣髴亦除,妙絕三界之表,理冥無形之境。形旣已無,故能無不形。三界旣絕,故能無不界。無不形者,惟感是應。佛,無爲也。至於形之巨細,壽之修短,皆是接衆生之影迹,非佛實也。衆生若無感則不現矣。非佛不欲接,衆生不致,故自絕耳。若不致而爲現者,未之有也。譬月之麗天而影在衆器。萬影萬形皆是器所取,豈月爲乎? 器若無水,則不現矣。非不欲現,器不致,故自絕耳。然則丈六

之與八尺,皆是衆生心水中佛也。佛常無形,豈有二哉?(下略)

此直言佛有眞我,法身獨存,爲應化之本。(喻疑論語。)而水月之譬,當時常有類此之言。(如道生法華疏下曰藥草喻品以雲爲法身,雨爲說法,亦可與此參照。) 中論疏記引彭城僧弼丈六即眞論之言。文如下:

彼論云,"問且若皆即眞,何故見異?"答曰,"(中略)夫水以既異,故受者百品,其實一矣焉,無有二也。但萬物各信其所受,故不知其一耳。何以言之?譬月麗天宮,而萬江俱受;清濁不同,故所受各異。感應不同,亦若是也。(下略)"

又中論疏曰:

彭城嵩法師云:"雙林滅度,此爲實說。常樂我淨,乃爲權說。"故信大品而非涅槃。⋯⋯⋯⋯後得病舌爛口中,因改此迷,引懸鏡高堂爲喩:像雖去來,鏡無消減;然境雖起謝,而智體凝然。

凡此皆同一論調也。世之疑涅槃者,常因常樂我淨之說與無我義相牴牾。維摩經有曰,"於我無我而不二,是無我義。"什公注曰:

若去我而有無義,猶未免於我也。何以知之?凡言我即主也。經云有二十二根,二十二根亦即二十二主也。雖云無眞宰而有事用之主,是猶廢主而立主也。故於我無我而不二,乃無我耳。

此言無我重在破執。而肇公注亦曰:

小乘以封我爲累,故尊於無我。無我既尊,則於我爲二。大乘是非齊旨,二者不殊,為無我義也。

此亦引申八不中道之說也。而竺道生之注則與二師均不同。
文曰:

理既不從我為空,豈有我能制之哉,則無我矣。無我本無生死中我,非不有佛性我也。

竺道生此解,直提出佛性義。夫真我大我之說,驟視之不但與無我之說相牴牾,而且與世俗所持之神明亦互異其旨。執小乘無我之說以疑涅槃者,必大有其人。曇無讖之所以不容於河西鳩茲者,蓋因其信小乘法也。而中國當世人士所謂之神明,乃生死中我。與生公所謂之佛性我不同。故即在根本義上,生公已必大為世人所非議矣。案道生法華經疏開卷即曰:

夫微言幽賾,妙絕聆矚;致使探竅者寡,撫哂者眾。豈非道而俗反者哉。

此蓋亦有感而言也。

中夏涅槃之爭甚烈,可以喻疑論證之。而其理由,則必多因真我與無我及神明之義不同而生疑。按宗性抄名僧傳卷十三有問無我與佛性一段,即分別佛性真義。此段未題為何人所作,但次段錄在漸解實相段之後。漸解實相一段,決出於慧觀手。則無我與佛性段,或亦慧觀所作。該段辯佛性義,當亦因涅槃義初出,為釋疑而作。其全文曰,

又問無神我曰,經云外道妄見我,名之為邪倒。今明佛性即我,名之為正見。外道所以為邪,佛性以何為正? 答曰,外道妄見神我,無常以為常,非邪而何? 佛法以第一義空為佛性,以佛為真我,常住而不變,非正而何? 問曰,何故謂佛性為我?

答曰,所以謂佛性爲我者,一切衆生皆有成佛之眞性。常存之性,唯自己之所寶,故謂之爲我。

此辯無我與佛性之本相符契,毫無可疑。大體上猶是"無死生中我,非無佛性我"之意。按喩疑論有曰,三藏袪其染滯,般若除其虛妄,法華開一究竟,泥洹闡其實化。"袪其染滯者因小乘無我義,乃在除常人僻執,因計有生死中我,乃染滯之根基也。

名僧傳抄同段進而闢當時之執神我者。中土人士之唱神我,乃因信報應之說,(如上所述)故本段復詳辯之。其文曰:

問曰:若外道妄見神我,以爲邪倒者;未知衆生爲有神耶,爲無神耶? 無神恐空修梵行,悋善造惡,誰受報應? 答曰: 衆生雖無常住之神,而有善惡之心。善惡之心,爲萬行之主。天堂地獄,以心爲本。因果相續,由斯以生。故常而不存,滅而不絕,所謂中道者也。問曰:無常之神,雖有善惡之心。善惡之心,念念不住。造善惡之心,既當境自滅。未來之心非造善惡之主。云何使未來之心橫受過去之報,有似甲爲乙受禍? 冥司幽罰何其照(?)哉? 答曰:難云,未來之心不造過去善惡之業,何得橫受過去善惡之報。三後(復)來難,可謂發明奇唱。夫報應之道不可思議,十住菩薩始(原作如)能髣髴,豈凡夫未學所可厝壞(懷)? 且依文句,忌言之也。經云五道受生,以心爲本。無常心者,念念常遷,我有古今之異,前心不待後心,而後心因前而有。生死以之無窮,果報以之不絕。經云劫初穀種,能生未來無窮之穀。神無不滅,心無不因,推穀足以知人,知人足悟無神。是以經云,一切諸法,本因緣空無主。無主之義,豈非無神之明證哉?

竺道生與涅槃學

按涅槃經亦常辯佛性與外道神我之差別。但曉喻多端，如自"心法""色法"言之，如自"眼識"乃至"意識"言之，如自"歌羅邏"乃至"老死"言之，如自進止俯仰視眴等言之，凡此皆無常，自亦非我。 經中反覆申明，不止一處然未有特標出報應者。 上段特提出天堂地獄等語者，乃針砭中國當日之信仰。 蓋中國當日人士均注重因果，而與涅槃佛性之說衝突也。

溯自漢以來，中土人士以神明不滅為佛法之根本義。及般若學昌，學僧漸知識神性空，法身無形，不來不住，而始疑存神之論，如僧叡是矣。 此學說上之一變也。 及至泥洹始唱，有佛性常住之說，而與存神之論相逕庭。 是又學說上之一大變也。因是生公為當世守文滯義者所共非議，被擯之機，導乎此矣。吉藏大乘玄論卷三有曰：

> 靈正云，涅槃體者，法身是也。 尋此法身，更非遠物。 即昔神明，成今法身。 神明既是生死萬累之體，法身亦是涅槃萬德之體。（參看梁武帝神明成佛義記。）

靈正者，指梁靈根寺慧令僧正，則至梁時僧人猶有未悟生死中我與佛性我之分別也。

道生所作佛性當有論，既早佚失。 其內容如何，甚難臆測。即"當有"二字之意為何，亦不可武斷。唐均正四論玄義卷七有曰：

> 道生法師執云，當有為佛性體。 法師意，一切眾生即云無有佛性，而當必淨悟。 悟時離四句百非非三世攝。 而約未悟眾生，望四句百非為當果也。

據此"當"者，"當來"之"當"。佛性為眾生淨悟將來有之果，雖在悟後無過未現，(道生法華疏謂，佛無時不有，無處不在；又北本三十六謂，佛性非三世攝；可參照也。)而對於眾生未悟時，得佛性為當來之果也。

又據吉藏大乘玄論卷三言釋佛性者有十一家。其第八家以"當果"為正因佛性，即是"當果"之理也。又破此說曰：

當果為正因佛性，此是古舊諸師多用此義。此是始有義，若是始有，即是作法，作法無常，非佛性也。

按佛性有"本有""始有"之諍論。吉藏謂當果義是始有。但佛性本始之辯，乃在六朝輩計競起之後，其強為分別，常至無謂。道生之時，未必有此諍論也。

當果正因佛性義，吉藏謂：古舊諸師多用此義。然未言及生公。均正謂此為生公所執，未知果何所據。但大乘玄論十一家佛性之第六師，以避苦求樂為正因佛性。吉藏破此曰，

勝鬘經曰，若無如來藏者，不得厭苦樂求涅槃者，此正明由如來藏佛性力故，所以眾生得厭苦求樂。何時明厭苦求樂是正因佛性耶？彼師云，指當果為如來藏，以有當果如來藏故，所以眾生得厭苦求樂者不然。性品云，我者即是如來藏，如來藏者即是佛性。明佛性本來有之，如貧女寶藏，何勞指當果為如來藏？且當果體猶尚未有。而能令眾生厭苦求樂，豈非是漫語者哉！若據人證者，舊來誰作如此釋，此是光宅(原文作澤)法師一時推畫，作如此解。經無證句，非師所傳，故不可用也。

由上所言，則光宅法雲有當果為如來藏之說。查法華義

竺道生與涅槃學

記雖似非法雲所撰,然要亦其弟子所記。彼書卷三釋諸佛欲令眾生開佛知見,言及當果。其文略曰:

今光宅法師解言知見只是一切（原文無切字）眾生當來佛果。眾生從本有此當果。但從昔日以來,五濁既強,障礙又重,不堪聞大乘,不爲其說有當果。此當則有閉義。今日大乘機發,五濁不能爲障,得聞今日經敎,說言眾生皆當得佛,此則是開義。

此文最可注意之點有三:第一,法華開佛知見自羅什以後即引之以契合佛性義;第二,此文中明言本有;而第三,此與道生法華經疏所言相合。生公文略曰:

故言以一大事因緣出現於世,欲令眾生開佛知見,故微言玄（原文作云）旨,意顯於茲。此四句始終爲一義耳。良有眾生本有佛知見分,但爲垢障不現耳。佛爲開除,則得成之。

而涅槃集解卷一引道生之言,則明言本有:

苟能涉求,便反迷歸極。歸極得本,而似始起。始則必終,常之以昧。若尋其趣,乃是我始會之,非照今有。有不在今,則是莫先爲大。既云大矣,所以爲常。常必滅累,復曰般泥洹也。

按上道生法雲之言均主本有。吉藏斥當果義爲始有,可見其不確也。且即據均正所言,"生法師意一切眾生即云無有佛性;"夫言"即云"云者,已可見其意實謂眾生本有佛性也。

而均正另又引白馬愛法師說,謂爲生公說之支末。其文略曰:

白馬愛法師執生公義,云當果爲正因,則簡異木石無當果義。

(37)

無明初念不有,而已有心,則有當果性。故脩萬行尅果。

故當果爲正因體。此師終取成論意釋,生師意未必爾。此愛法師實不得生公意。蓋旣曰"無明初念不有,"則非本有。曰"已有心,則有當果,"則是始有。成論之意,則似執亦本有亦始有。而道生之說,則言本有也。故均正謂生公,意未必爾也。

復次,涅槃絕百非,超四句,何來本有始有之辯。故均正謂佛性非三世攝者,似得意之言。夫生公嘗言象以盡意,得意則象忘。言以詮理,入理則言息。後來種種辯論,生公必謂其多守滯文,鮮見圓義也。生公之談佛性當有,今不詳知,然或卽如均正所解。但其所謂當來之果者,乃約未悟衆生望四句百非而言,實非據究竟圓義。吉藏大乘玄論又謂,以當果爲正因佛性者,彼言是世諦之理,斯言或可爲證乎?(又涅槃經師子吼有"人天無性,因緣和合,乃得見佛,"生公當有義亦與之符同,詳見下段。)

復次,佛性不惟無本始之別。而煩惱卽是菩提。衆生不見佛性,則菩提爲煩惱。衆生見佛性,則煩惱卽是菩提。善乎生公維摩注之言曰:

> 若投藥失所,則藥反爲毒矣。苟得愈,毒爲藥也。是以大聖爲心病之醫王,觸事皆是法之良藥。

維摩注中生公又解"佛法衆爲二"曰:

> 以體法爲佛,不可離法有佛也。若不離法有佛,是法也。然則佛亦法矣。

不但佛法衆三寶可作如是觀。一切諸法亦爾。故維摩經曰,

"何等為如來種,六十二見及一切煩惱皆係佛種。" 生公疏釋,頗可見其對於佛性之真意。其文曰:

夫大乘之悟,本不近捨生死,遠更求之也。斯在生死事中,即用其實為悟矣。苟在其事,而變其實為悟始者,豈非佛之萌芽起於生死事哉?其悟既長,其事必巧,不亦是種之義乎?

所以始於有身,終至一切煩惱者,以明理轉扶疎,至結大實也。夫至極之慧,本以眾惡為種。又何必於塵勞之外,為妙極之道另求妙極佛性為因耶?此不但無本有始有過去當來之辯也。

涅槃佛性即真如實相。理不可分,故死生寂滅,原無二致。夫於我無我而不二,是無我義。由此則外道之我無常,固是偏執,而以普通之所謂自我,測量佛性者,亦無有是處。此維摩般若涅槃諸經之微旨,而生公深於諸經者也。

生公既立佛性義,乃由此根本義而著佛身無色論應有緣論佛無淨土論,善不受報義。而一闡提成佛義及頓悟說尤為生公得意之筆,然亦均自佛性義而來。茲於下分別敘之。

(12) 法身無色義與應有緣義

道生在維摩經注已申法身無色之義。菩薩行品注中,言不見有佛,乃為見佛。而見佛者,謂見人佛。故曰:

見此人為佛,從未來至現在,從現在入過去,故推不見三世有佛也。過去若有,便應更來。然其不來,明知佛不在過去矣。

未來若有,便應即去,然其不去,明知佛不在未來矣。現在若有,便應有住,然其不住,明知佛不在現在矣。

此段可證明前述佛性非本非始之義。道生繼復明佛與色之關係。其文曰:

人佛者,五陰合成耳。若有便應色即是佛。若色不即是佛,便應色外有佛也。色外有佛,又有三種,佛在色中,色在佛中,色屬佛也。若色即是佛,不應待四也。若色外有佛,不應待色也。若色中有佛,佛無常矣。若佛中有色,佛有分矣。若色屬佛,色不可變矣。

維摩經同處復言"如來非四大起,同於虛空。"道生釋之曰:

向雖推無人相佛,正可表無實人佛耳。未足以明所以佛者竟無人佛也。若有人佛者,便應從四大起而有也。夫從四大起而有者,是生死人也。佛不然矣。於應為有,佛常無也。

此謂法身至極超乎象外。(涅槃北本第九曰,如來之身無有肉血筋脈骨髓。)佛常無者,即前謂"法身無形豈有二哉"之意也。僧弼丈六即真之言,可取為比附。(亦見中論疏記)彼論之言曰:

問曰:聖人以無心為宗,身一為末。宗既妙則與物絕。故化以接麤,為之不難,何如真化未若其於一也?答曰:為不難而易,故聖人無為。如此雖功高理妙,而玄應普因。然則緣盡則應潛,非水竭則像隱。像隱故而不見者,不可謂之無也。而好異之人,徒見其無,不知其像隱。徒觀其化滅,不知其即真。可不哀哉!可不哀哉!然則像因水見,像則謂之生。水竭像隱,謂之滅。細而求之,無生無滅,餘信久矣。

法身無生無滅,應化接麤,有因緣而有顯現,緣盡則應化潛伏。潛伏並非無也。法身寂然,但亦因有心而感應。慧達肇論疏有曰:

生法師云,感應有緣,或因(原文是同字)生苦處,共於悲愍,或因愛欲,共於結縛,或因善法,還於開道。故有心而應也。

道生作應有緣論,其所爭問題,在涅槃大經師子吼菩薩品迦葉菩薩品均分別之甚悉。道生作論,不知在大本已來之前否。但其所言,似亦與經義符契。蓋若一切衆生,皆有佛性,自應感佛,何用修道。佛答,譬如七人,浴恆河中,而有沒者,有出者,因有習浮不習浮故。衆生雖有佛性,而必須藉緣而感應也。(見南本卷三十。) 衆生或因悲愍,或因結縛,或因善法,而發菩提心,則與佛相感相應,所謂有緣乃感應也。佛復嘗告師子吼菩薩曰:(南本卷二十六)

善男子,汝言衆生若有佛性不應假緣,如乳成酪者,是義不然。何以故,若言五緣成於生酥,當知佛性亦復如是。譬如衆石,有金,有銀,有銅,有鐵,俱稟四大,一名一實。而其所出,各各不同。要假衆緣,衆生福德,爐冶人功,然後出生。是故當知本無金性。衆生佛性,不名爲佛。以諸功德因緣合和,得見佛性,然復得佛。汝言衆生,悉有佛性,何故不見者,是義不然。何以故,以諸因緣未和合故。

按此謂石本非金,然因爐冶而得出。衆生本非佛,然以因緣和合故見性成佛。均正四論玄義演生公意曰:"一切衆生即云無有佛性,此猶言石本無金性也。" 又曰"當必淨悟者,謂因緣和合而發心也。" 又曰"約未悟衆生望四句百非爲當果," 即謂約因緣未和合時,見佛性乃當來之果也。

(13) 佛無淨土義及善不受報義

生公著佛無淨土論,今已佚。惟維摩經注中已有此義。彼經文曰,"菩薩隨所化衆生而取佛土。" 生之注曰:

夫國土者,是眾生封疆之域。其中無穢謂之爲淨。無穢爲無,封疆爲有。有生於惑,無生於解。其解若成,其惑方盡。始解是菩薩本化,自應終就。使既成就,爲統國有。屬佛之迹,就本隨於所化義,爲取彼之國。既云取彼,非自造之謂。若自造則無所統,無有眾生,何所成就哉。

蓋隨其所化眾生而取淨土,何來佛別有淨土耶? 而據法身涅槃義,更無淨穢之可言。佛何嘗有淨土? 故肇注有曰:

法身無定,何國之有? 美惡斯外,何淨可取? 取淨國者,皆爲彼耳。而生注中亦云,

若取出惡之理,則石沙眾生與夫淨土之人等無有異。又是依佛慧而觀,故不往而不淨也。

又道生法華經疏亦謂,"無穢之淨乃是無土之義。寄土言無,故言淨土。無土之淨,豈非法身之所託哉。" 然經中之所以常稱淨土者則亦有故。蓋"淨土不毀,且令(原作今)人情欣美尚好,若聞淨土不毀,則生企慕意深,借事通玄,所益多矣。"(上引原疏壽量品中語。)又彼經注授記品有曰:

然事象方成,累之所得,聖既會理,則纖爾累亡。累亡故豈容有國土者乎。雖曰無土,而無不土。無身無名而身名愈有。

故知國土,名號,授記之義者,應物而然,引之不足耳。

夫法身一切平等,無穢土淨國,自亦無受善惡報之可言。故生注有曰:

無爲是表理之法,故無實功德利也。

當因此義,而道生著善不受報論。按名僧傳抄說處,有下二條。

因善伏惡,得名人天業,其實非善是受報也事。

畜生等有富樂,人中果報有貧苦事。

審此文次第,均出道生傳中。然文畧不易明。按慧遠釋三報論有曰:

方外之賓,服膺妙法,洗心玄門,一詣之感,超登上位。如斯倫匹,宿殃雖積,功不在治,理自安消,非三報之所及。

此言惡不受報。生公所言,或可與此相比擬。又涅槃經曰:（北本卷五。）

又解脫者斷諸有貪,斷一切相,一切繫縛,一切煩惱,一切生死,一切因緣,一切果報,如是解脫,即是如來。如來即是涅槃。

道生所言要與此義符契,其詳則不必妄說也。按陸澄目錄載有下列一條;

述竺道生善不受報義。釋僧璩。釋鏡雖璩答。

僧鏡為謝康樂所重,曾著泥洹義疏。僧璩乃律師,始住虎丘。宋武帝時乃至揚都。鏡亦元徽中卒。二人之問答,當在生公逝世之後也。南齊劉虬亦述善不受報義,頓悟成佛義,當世莫能屈。（見廣弘明集法義篇蕭子良與劉虬書。）則由宋至齊,亦常討論此問題也。

（14）一闡提皆得成佛義

夫一闡提者,經謂其"病即諸佛世尊所不能治,何以故,如世死屍醫不能治,一闡提者亦復如是,諸佛世尊所不能治,"（見北本卷九。）譬如堀地,刈草,斫樹,斬截死屍,罵詈鞭撻,無有罪報,殺一闡提,亦復如是,無有罪報。（卷十六。）闡提如燒焦之種,已鑽之核,即使有無上甘雨,猶亦不生。（見卷十。）

因此六卷泥洹本乃無闡提成佛之言。大經與六卷本之差別

最著亦在此。如六卷本卷三有曰:

如一闡提懈怠懶惰,尸臥終日,言當成佛,若成佛者,無有是處。

而同處此段在大經北本卷五,則已增改,意義大殊。其文曰:

如一闡提究竟不移,犯重禁,不成佛道無有是處。何以故?是人於佛正法中,心得淨信,爾時便滅一闡提。若復得作優婆塞者,亦得斷滅於一闡提。犯重禁者,滅此罪已,則得成佛。

是故若言畢定不移,不成佛道,無有是處。真解脫中都無如是滅盡之事。(下略)

又法顯本卷五有文曰:

一切眾生,皆有佛性。在於身中,無煩惱,悉除滅已,佛便明顯,除一闡提。

而北本同段在卷七中其文亦殊。且無"除一闡提"四字。

一切眾生,悉有佛性。煩惱覆故,不知不見。是故應當勤修方便斷壞煩惱。

又六卷本第六有灰覆火偈。在此偈後有曰:

彼一闡提,於如來性,所以永絕。

而在北本卷九灰覆火偈後,文甚不同。並有曰,

彼一闡提,雖有佛性,而無量罪垢所纏,不能得出。

凡此六卷本與大經皆完全相反。道生於大本未至之前,而先悟其理。夫生公所唱佛性之說既與世俗所謂神明異趣,無淨土不受報等尤非滯文者之所談,至於闡提不能成佛,則經且有明文。而生公毅然發此"珍怪之論,"舊學護慎,以為邪說,不亦宜乎?

生公之悟入闡提成佛,或亦由般若經乎?般若本言煩惱

(44)

不異菩提,如來平等法身,淨染齊一,非已隱示闡提之有佛性歟?

煩惱即菩提,生死即涅槃,眾生性即如來性,則一闡提何無佛性歟? 維摩經曰,"不斷煩而入惱涅槃。" 生公之注曰:

不見涅槃,異於煩惱,則無縛矣。

佛性眾生悉有。 成佛與否,則在乎見。 (參見歐陽竟無師大涅槃經敘。) 夫泥洹經既明言一切眾生悉有佛性。 有心者為眾生。 除牆壁瓦石之非有情,均有佛性。 日本元興寺沙門宗撰一乘佛性慧日抄引名僧卷十之文 (文亦見於名僧傳抄而較簡略) 曰:

生曰,稟氣二儀者,皆是涅槃正因。 三界受生,蓋唯惑果。 闡提是含生之類,何得獨無佛性。 蓋此經度未盡耳。

泥洹經者,法顯之所得,未曾聞其非全豹也。 而生公依義不依文,竟敢言經之傳度未盡,其獨具隻眼,誠可驚佩。 而名僧傳抄另有一條曰:

一闡提者,不具信根,雖斷善猶有佛性事。

夫闡提斷善,而能作佛,以有佛性故。 一切眾生皆有佛性,而成就懸殊,則在乎見。 見者含感應因緣義。 七人皆斷善,沈沒生死,而或近惡知識,或近善知識。 得果不同,悉由因緣。 生公既立應有緣義,則闡提所以能成佛,可推而知也。 大經梵行聖行二品於此反覆解釋,生公之言或全與默契也。

中國諸章疏中未詳引生公原文。 日本撰述似亦如是。日人常盤大定佛性研究書中,博採彼土章疏;然亦只詳論與道生反對者為何人。 據其所言,謂有四說: (一) 與生公爭辯者為智勝。 智勝謂闡提不作佛,而屢為生所屈。 智勝乃助譯五分律者。祐錄曰：景平元年竺道生等請佛大什譯法顯所得五分律，佛大什執胡，智勝為譯。此乃最澄法華秀句引唐僧獻誠涅槃玄談之說。（二）與生意見不同者為法顯。此元興寺沙門宗之說。（三）珍海在三論玄疏中，則謂慧觀斥生公之說，並奏請擯之。（但三論玄意義謂，大本至後，觀請生公講之。）（四）慧心一乘要決中，謂泰法師言羅什意主闡提不得作佛，並擯之。此說則最為荒謬。其詳可閱常盤氏原書也。

（15）頓漸分別之由來

"頓""漸"之辯，實不始於竺道生也。但生公頓義，孤明獨發，大為時流所非議，至為有名，因而知之者多耳。道生以前，漸頓二字亦常見於書卷。如漸備一切智德經，乃西晉竺法護所譯。道安十法句義序，有不新故頓至而不惑之語。（全文見下。）而僧肇涅槃無名論有詰漸明漸二章，又有"而謂可頓盡，亦所未喻"之句。至若瓔珞本業經，有文一段，略如下：

爾時敬首菩薩白佛言：世尊，諸佛菩薩大方便平等慧照諸法界，為頓等覺，為漸漸覺。（中略）佛言：（中略）佛子，我昔會有一億八千無垢大士，即坐達法性，原頓覺無二，一切法，一合相，從法會出，各各坐十方界，說菩薩瓔珞大藏。時坐大乘，見一億八千世尊名頓覺如來，各坐百寶師子吼座，時無量大眾亦坐一處，聽等覺如來說瓔珞法藏。是故無漸覺世尊，唯有頓覺如來。三世諸佛，所說無異，今我亦然。

當時經典著述，不但有"頓""漸"二字。且中夏學僧已生"頓""漸"之辯，其詳情今不得知。但其來源必出於究索三乘十地之說。三乘歸於一乘,出法華經。十地則見於瓔珞本業及漸備一切智德經等諸經。均當世通行之典也。

(16) 三乘與頓悟

法華會三歸一,妙道既一,則悟證不應三差。故肇涅槃無名論難差第八曰:

若涅槃一也,則不應有三,如其有三,則非究竟。究竟之道,而有升降之殊,衆經異說,何以取中乎?

又責異第十曰:

然則我與無爲,一亦無三,異亦無三,三乘之名,何由而生也?

又南齊劉虬無量義經序,述頓漸之爭;而謂道生就三乘言頓悟。其文曰:

既二談分路,兩意爭途,一去一取,莫之或正。尋得旨之匠,起自支安。支公之論無生,以七住爲道慧陰足,十住則群方與能。在迹斯異,語照則一。安公之辯異觀,三乘者始篑之因稱,定慧者終成之實錄,此謂始求可隨根三,入解則其慧不二。

安公之說,今不能詳知。但其十法句義(經)序有曰:

人亦有言曰,聖人者人情之積也。聖由積靡,爐錘之間,惡可已乎?經之大例,皆異說同行。異說者,明夫一行之歸致;同行者,其要不可相無,則行必俱行。全其歸致,則同處而不新,不新故頓至而不惑。俱行故叢萃而不迷也。所謂知異知同,是乃大通,既同既異,是謂大備也。以此察之,義焉瘦哉,義焉瘦哉。

此所謂異說似當劉虬所言之異觀,而且"說"字或即"觀"字之誤也。所謂"全其歸致,則同處而不新,不新故頓至而不惑，"似謂致歸致之全，妙道之極，須頓至而不惑。且乘觀有三者，乃因聖必由漸積。及至其全，則由頓得。故劉虬曰，此謂始求可隨根三，入解則其慧不二也。至於頓得，仍不廢漸悟，則持頓說者均如是。安公之言，並非特異也。

支道林亦持有頓悟說，所言似亦有關於三乘。支公有辯三乘論。祐錄卷七載未詳作者之首楞嚴經注序中涉及頓悟之理；（詳下）而作者自謂其書得力於支道林。文曰：

沙門支道林者，⋯⋯啓于往數，位叙三乘，余時復疇諮，豫聞其一。

而世說文學篇曰：

三乘佛家滯義，支道林分判，使三乘炳然。（下略）

支公分判三乘，既爲首楞嚴經注之作者所採，而彼人經序乃隱有頓說。則支公辯三乘必言及頓悟之旨可知也。

(17) 十地與頓悟

菩薩瓔珞本業經，中言有頓覺，而無漸覺。（文已於上第十二節中引之。）此經又詮釋十地。必因此故，而研讀此經者，常欲知何時有此頓覺。首先提出此問題者，似爲支道林。世說文學篇注有曰：

支法師傳曰："法師研十地，則知頓悟於七住。"

住者地也。當時常稱"十地"曰"十住"。（元康肇論疏曰，關河大德，凡言住者，皆是地也。）首楞嚴經注序有曰：

微旨盡於七住，外迹顯乎三權。

此注者似述支公之所講頓悟在於七住，而又關於一乘三乘權實之別也。而前引劉虬之經序，亦曰：

支公之論無生,以七住爲道慧陰足,十住則群方與能。 在迹雖異,語照則一。

按支公著作中有本業略例,本業經注,此本業應即謂瓔珞本業經,而非支謙所譯之菩薩本業經一卷也。 支譯本業只一品,當華嚴淨品十住二品,未言及十地,且至簡略,支公未必著二書以釋之。 至若瓔珞本業有二卷,八品,事數又至繁也。 按此經祐錄未著錄,長房錄始載之,然謂爲竺佛念所譯。 但據高僧傳,佛念於苻秦建元中始譯經。 支公卒於太和元年,或不及見佛念所譯。 但長房多以臆度,此所言恐誤。 且尋此經文法,亦有不似佛念所譯。

蓋支公細讀瓔珞本業之文,既見其有頓覺之言。 又佛經中謂七住始得無生忍。 因持頓悟在於七住。 前引三論遊意義之言謂僧肇支道林眞安埵師邪通師慧遠及道安均持小頓悟說,即言七地以上悟無生忍也。(文已見前。) 而慧達肇論疏亦有曰:

第二小頓悟者,支道琳師云,七地始見無生。 彌天釋道安師云,大乘初無漏慧,稱摩訶般若即是七地。 遠師云,二乘未得無有;始於七地,方能得也。 埵法師云,三界諸結,七地初得無生;一時頓斷,爲菩薩見諦也。 肇法師亦同小頓悟義。(下略)

諸人之說,不能詳考。 然頓悟於七住實爲頓說之一大問題,可謂無疑。 涅槃無名論難差第八亦曰,"佛言於儒童菩薩時,於七住獲無生忍,進修三位,若涅槃一也,則不應有三",云云。 夫仍須進修三位,則支公所持頓悟,仍爲漸悟也。

此當於述生公頓悟時再詳論之。 且支公於其所謂悟之

前,仍不廢漸教。此見於其大小品對比要鈔序中。其文曰:

夫至人也,覽通羣妙,凝神玄冥;虛靈響應,感通無方。建同德以接化,設玄教以悟神;述往迹以搜滯,演成規以啓源。或因變以求通,事濟而化息。適任以全分,分足則教廢。故理非乎變,變非乎理;教非乎體,體非乎教。故千變萬化,莫非理外,神何動哉? 以之不動,故應變無窮。無窮之變,非聖在物。物變非聖,聖未始於變。故教遺興乎變,理滯生乎權。接應存物,理致同乎歸,而辭數異乎本。事備乎不同,不同之功,由之萬品。神悟遲速,莫不緣分,分闇則功重,言積而後悟。質明則神朗,觸理則玄暢。輕之與重,未始非分。是以聖人之爲教,不以功重而廢分。分易而存輕。故羣品所以悟分,功所以成。必須重以運通,因其宜以接分。此爲悟者之功重,非聖教之有煩。

夫"神悟遲速,莫不緣分"。"分闇則功重,言積而後悟。"而"妙道漸積,損以至無"。由是言之,七地爲悟,則七地以前仍須言積功重也。

(18) 竺道生頓悟與三乘十地

在生公以前中國佛學界已分辯頓漸。及至道生,其問題所在仍爲三乘與十地之研討。按謝康樂主頓悟,謂理歸一極。一極者對於三乘而言。故道生法華經疏曰:

旣云三乘是方便,今明是一也。佛爲一極,表一而爲出也。
理苟有三,聖亦可爲三而出。但理中無三,唯妙一而已。

又曰:

譬如三千,乖理爲惑。惑必萬殊,反而悟理。理必無二。如來道一物乖為三。三出物情,理則常一。如雲雨是一,而藥木萬殊。萬殊在乎藥木,豈雲雨然乎?

而慧達肇論疏曰:

唯竺道生執大頓悟云,無量(應是果字)三乘,有因三乘。

夫權智入道之途可殊,故因可有三。至若妙極之果,則僅是一,所謂理不可分也。理既是一非三,則須悟一。悟一則萬滯同盡也。此乃據三乘而言。又道生著作中有八住初心欲取涅槃義,可見其於十地常所究心。而三論遊意義謂支公等之小頓悟義言七住得無生忍,而竺道生用大頓悟義也。金剛以還,皆是大夢,金剛以後,皆是大覺也。"

唐均正四論玄義有曰:

故經云,初地不知二地境界,乃至第十地不至(知?)如來舉足下足也。亦是大頓悟家云,至第十地始見無生;小頓悟家云,至七地始見無生也。

涅槃集解卷五十四引道生之言曰:

十住幾見,髣髴其終也。始既無際,窮理乃覩也。

窮理乃覩,生公之頓悟也。(七住未窮理,依生公意,自非異覩。)

何謂大小頓悟耶? 大頓悟者,主張"極慧,"謂"理唯一極"。依滅累而言,不但初地乃至七地"漸除煩惱,"不能名為悟。(上諸語均見道生法華經疏。)此即肇論所引,謂於七住獲無生忍,進修三位,夫既言須進修三位,則七地之尚有漸進也明矣。故慧達肇論疏引生公之言,謂"十地四果蓋是聖人提理令(原作今)近"。可見十地階差均非悟也。十地菩薩"以金剛三昧散壞塵習轉入佛慧";(上語見法華疏。)

佛慧者,乃真悟也。故慧達引生語又曰,"故知諸佛乃能悟耳"。支道林等於七地言頓悟,七地以上,非是無餘,故曰小頓悟。

道生主佛慧,確然大悟,具一切智,所以為大也。

(19) 竺道生之頓悟義

竺道生頓悟之說,為法身涅槃義應有之結論。他人特滯守經文未敢唱言耳。如祐錄七,載未詳作者之首楞嚴經注序曰:

所以寂者未可得而分也。故其篇云,悉遍諸國,亦無所分。於法身不壞也。謂雖從感若流,身充宇宙,豈有為之者哉?謂化者以不化為宗,作者以不作為主,為主其自忘焉。像可分哉?若至理之可分,斯非至極也。可分則有虧,斯成則有散。所謂為法身者,絕成虧,遺合散,靈鑒與玄風齊蹤,員神與太陽俱暢。其明不分,萬類殊觀,法身全濟,非亦宜乎?故曰不分無所壞也。

法身既不可分,故靈鑒必頓得乃全。(按首楞嚴三昧者即金剛三昧,此亦可與生公金剛以後皆為大覺之意,互相發明。)

道生立之頓悟義,蓋由其篤信佛性義也。即如謝靈運答琳公難文中有曰:

物有佛性,其道有歸,所疑者漸敎。

此亦明示佛性義與漸悟不相容。蓋佛與理本無二致,故生注法華經有曰:

佛為一極,表一而出也。理苟有三,聖亦可為三而出。但理中無三,唯妙一而已。

夫理既為一,則無大慧小慧之別,二乘三乘之辯;故又曰,

此經(法華)以大乘為宗。大乘者,謂平等大慧,始於一善,

終於極慧是也。平等者，謂理無異趣,同歸一極也。大慧者，就終爲稱耳。若統論始末者,一豪之善皆是也。

因慧無大小,故能得眞慧是即頓悟,亦即一念可知一切法也。道生在維摩注中已稱申此義。一曰:

一念無不知者,始乎大悟時也。以向諸行,終得此事,故以名焉。以直心爲行初,義極一念,知一切法,不亦是得佛之處乎。

其二曰:

既悟其一,則衆事皆得。故一爲衆事之所由也。

由佛性法身義而言,理不可分。理不可分,故慧無大小,亦無三乘。照無階級,故非在七住。是即可謂一念知一切法。妙慧寂照,理不可分。法身佛性亦卽圓實之理。若七住而有悟,則理可分矣。理不可分,必至成金剛三昧,斷一切細微障。必須成就金剛法身,有確然之大悟。故曰"金剛以還,猶是大夢,金剛以後,乃爲大覺也。" 必至佛位乃爲悟,此其所以爲大頓,此其所別於七住小頓也。慧達肇論疏,引生公之言,應依此讀。其文曰: (文不都可解,應有訛奪。)

而頓悟者,兩解不同。第一竺道生法師大頓悟 (第二爲支道林等小頓悟,文見前。) 云,夫稱頓者,明理不可分。悟語極照。以不二之悟,符不分之理。理智志(此字不明)釋,謂之頓悟。見解名悟,聞解名信。信解非眞,悟發信謝。理數自然,如菓就自零。悟不自生,必藉信漸。用信僞惑,悟以斷結。悟境停照,信成萬品。故十地四果,蓋是聖人提理令 (原作今) 近,使夫 (？) 者自強不息。(原作見。) 聞(當是問字。) 信從敎生,設 (疑是敎字) 非信是,義同市虎. 答曰信實解當寔(冥)由說主所謬,(原文疑有誤)聖聖相傳,信敎冥符,出苦累亡,豈同市虎難。 舊云,空若漸見,若言佛性亦漸見,若言佛性平等非漸見者,空亦如是,豈得漸見。 故知諸佛乃能悟耳。

用此義者什師。 注云樹王成道。小乘以卅四心成道,大乘中惟一念確然大悟,俱一切智也。(此出維摩注。)

此段謂悟必言頓者,因"理不可分"。 "悟不自生,必藉信漸。""悟發信謝,"累盡照頓。 十地四果均爲方便。 唯諸佛乃可謂悟。 夫引佛性平等以明無漸,可見其頓說之根源涅槃佛性義也。 又謂頓悟之說卽一念知一切。 生公自謂得之什師者,此均可注意者也。 劉虬無量義經序引生公言,可與什師之義參照。 文曰:

生公曰,道品可以泥洹,非羅漢之名。 六度可以至佛,非樹王之謂。 斬木之喻,木存故尺寸可漸。 無生之證,生盡故其照必頓。

及至頓悟得無生法忍,此前均爲大夢,至此乃爲大覺。 而無生大覺則言語道斷。 此道生所謂"至像無形,至音無聲;"謝靈運所謂"悟在有表"也。 當其可名可言,猶在大夢,而未悟也。 故生公法華注有曰:

得無生法忍,實悟之徒,豈須言哉。 所以廣引得悟者,欲美此經體藴衆解,應物無窮,密敎涉求之徒使持法花耳。 夫未見理時,必須言津。 旣見乎理,何用言爲? 其猶筌蹄以求魚兎,魚兎旣獲,筌蹄何施?(下略)

故誄文叙道生之所悟曰:

旣而悟曰,象者理之所假,執象則迷理;敎者化之所因,束敎則愚化。是以徵名責實,惑於虛誕;求心應事,芒昧格言。

頓悟成佛此據象外而言。故世人號生公為象外之談。而衆人之未能超乎象外者,實因迷惑結縛也。故彼注又曰:

譬如三千,乖理為惑。惑必萬殊,反則悟理,理必無二。

反則悟理,故言頓悟。理既無差,故悟非漸。涅槃集解卷一引道生之言曰:(參看同書卷五生公釋巨富長者生子段。)

夫真理自然,悟亦冥符。真則無差,悟豈容易。不易之體,為湛然常照。但從迷乖之事未在我耳。

夫以神悟符,無差之真理;理既無差,則悟豈容有易。不易之常照,謂階差之頓悟也。但持頓悟者,不必全棄漸教;蓋登高峯者必先平地,千里之行起於足下,當其未在高峯,足達千里之前,雖不能謂為已至。故雖悟發信謝,然悟原藉信,漸之功不可全沒也。真悟則必頓起,由信生解,仍有漸也。故生公注法華常言漸。如曰:

將說法華,故先導達其情,說無量義。其既滯迹日久,忽聞無三,頓乖昔好;昔好若乖,則望岸而返,望岸而返者,則大道廢也,故須漸也。

又曰:

何以漸漸變耶?所以爾者,欲表理不可階頓。必要研麤以至精,損之又損之,以至於無損矣。

然漸但可用於有言之教耳。象外則廢言談,亦無階級矣。

故生公又曰,

夫聖人設教,言必有漸,悟亦有階。(原作諧)

而漸教之設,亦因根之利鈍。故曰:

夫根有利鈍,則悟有先後。 向正說法花,利根之徒,取悟於上矣。 昧者未曉,故寄譬說之。 理旣幽邃,難以一隅,故曲寄事像,以寫遠旨。 借事況理,謂之譬喻。

夫寄譬而說,則其異於大悟可知也。

(20) 謝靈運述道生頓悟義

據上所言,道生因理不可分,故立頓說。 此亦即一念知一切,原爲羅什之義,經生公之精思,與涅槃契合,而成爲一有名之學說。 謝康樂與道生交誼如何,今不可知。 但於頓義則甚爲伏膺。 其辯宗論即述生之言。(詳前。) 其對孟顗之言,謂"得道應須慧業; 丈人生天,當在靈運前,成佛必在靈運後。" 此所謂慧業,要亦頓照之意也。 茲略叙辯宗論及問答之要旨如下:

謝氏自言其頓悟義乃折中孔釋二家。 其辯宗論文曰:

同遊諸道人,幷業心神道,求解言外。 余枕疾務寡,頗多暇日,聊伸由來之意,庶定求宗之悟。 釋氏之論,聖道雖遠,積學能至,累盡鑒生,方應漸悟。 孔氏之論,聖道旣妙,雖顏殆庶,體無鑒周,理歸一極。 有新論道士,以爲"寂鑒微妙,不容階級,積學無限,何爲自絕。" 今去釋氏之漸悟,而取其能自(至)。 去孔氏之殆庶,而取其一極。 一極異漸悟,能至非殆庶。 故理之所去,雖合各取,然其離孔釋矣。 余謂二談救物之言,道家之唱得意之說,敢以折中自許。 竊謂新論爲然。 聊答下意,遲有所悟。

據此道生之新論有"寂鑒微妙,不容階級,積學無限,何爲自絕,"數語。 而謝氏以其言爲然。 並彙取孔釋之說,而以折

竺道生與涅槃學

中自許。然其答驎維問有曰，"唯佛究盡實相之崇高,今欲以崇高之相,而令迷蒙所知,未之有也"。其答琳問有曰，"物有佛性,其道有歸,所疑者漸敎。"此所謂"實相崇高,"即亦其所謂累盡之"無。"夫累盡之後,"無"乃可得,故"悟在有表。"此所謂"物有佛性,"即亦其謂"心本無累。"故曰,"至夫一悟萬同盡耳。"(上均見答維問。)夫"悟在有表,"故須一悟萬滯同盡。此猶生公所言"理不可分,"故須頓悟之說也。而漸敎者,謂除累之學行。累未盡去,則仍在前文所謂之迷蒙也。旣未出迷,何能達"有表"之"無"耶？故曰,"今欲以崇高之相,而令迷蒙所知,未之有也。"

由此方其除累,僅謂之學。累盡至無,乃可言悟。學者漸,爲假,爲暫,爲權,爲受敎。悟者,又名照,乃頓,(萬滯同盡)爲眞,爲常,爲智,爲見理。慧驎問："眞假二知何異？"謝氏答曰：

假知者累伏,故理暫爲用。用暫在理,不恆其知。眞知者照寂,故理常爲用。用在常理,故永爲眞知。

驎又問："理實在心,累亦在心,而不自除,將何以除之乎？"謝之答曰：

累起因心,心觸成累。累恆觸者心日昏,敎爲用者心日伏。伏累彌久,至於滅累。然滅之時在累伏之後也。

但"伏累""滅累"實不相同。故曰：

伏累滅累,貌同實異,不可不察。滅累之體,物我同忘,有無一觀。伏累之狀,他已異情,空實殊見。殊實空,異己他者,入於滯矣。一無有,同我物者,出於照也。

累滅照生,凡聖之所同也。故答王問曰："自聖已下,無淺深之

(57)

照。"此亦心本無累之意也,此亦物有佛性之意也。因物有佛性,故均能頓悟也。

漸學既爲假,是則不可廢乎？抑亦有其用乎？謝氏謂漸不可廢,且有其用。其言有曰:

由教而信,則有日進之功。非漸所明,則無入照之分。

竺道生致王衛軍書,亦具此意。文曰:

以爲苟者不知,焉能有信？然則由教而信,非不知也。但資彼之知,理在我表。資彼可以至我,庸得無功於日進？未是我知,何由有分於入照？豈不以見理於外,非復全昧;知不自中,未爲能照耶？

夫漸學雖能伏累,然伏累與滅累不同,已如上言;故謝氏曰:

勤未是得,瞻未是至。當共此時,可謂向宗。既得既至,可謂一悟。

蓋悟則萬滯同盡,出於有表,歸於一極。蓋物本有佛性,今則頓悟而成佛矣。

總上所言,頓悟之義,一出於道生之理不可分義,蓋即涅槃法身之意也。一則由謝氏折中孔釋之言,言極新穎。北齊顏之推家訓歸心篇有曰:

內外兩教,本爲一體,漸極爲異,深淺不同。

漸極者指漸學與一極,蓋引謝氏之言也。

又總上所言,頓漸之爭,其樞紐有二:一爲七住,二爲三乘。前者出于華嚴,後者出於法華。

一者十住,因此而支公與道生各立異說。道生謂所謂大覺乃在三界結障除盡之後,即謝氏所指滅累之時也。而世說注謂支公悟頓悟於七住,則是小頓義。小頓者謂在三界結障未盡,尚有階級可登之時,即有所悟。此即不須在"有表"乃悟也。二者均不廢漸學。然道生與康樂當均謂"學而非悟,悟在有表,"學悟截然爲二。而支道林等則猶有爲學日損之意,學悟相續,並非二也。

二者實相理一既不可分,何有大慧小慧之別,一乘三乘之殊？因此道生均據法華會三歸一而談頓悟。反駁生公者,亦須辯三乘之旨。道生曾注法華;慧觀著法華宗要;劉虬亦有法華注,而其無量義經序,亦辯頓漸之短長。夫生公主頓,劉虬從之,而慧觀則彈生公之說主漸悟。觀於諸人著作,而其爭執所在,抑亦可知矣。漸悟之說,茲於下略叙之。

(21)慧觀漸悟義

竺道生既唱頓悟,一時爭執極烈,（已見前）,加入討論者甚多。世說新語文學篇曰:

佛經以爲祛練神明,則聖人可致。（原注曰:釋氏經曰,一切衆生皆有佛性,但能脩智慧,斷煩惱,萬行具足,便成佛也。）簡文云:"不知便可登峯造極不？然陶練之功尚不可誣。"

簡文帝在泥洹佛性說流行以前,即已知成佛之難。謝康樂辯宗論謂釋氏聖道之遠,亦明其登峯造極之不易也。生公死後,宋文帝嘗述其頓悟義,帝王若此,士人可知。惟慚悟爲釋氏之論,此謝氏亦已言之。生公以前,支遁頓悟在於七住,仍須"進修三位,"乃登峯造極。自生公視之,亦是漸悟。此外則均持漸悟者也。

如涅槃無名論爲僧肇所作,則爲持漸以駁頓之最早者。

但涅槃無名論文筆雖與不眞空論相似,然頗有疑點,或非僧肇所作。(一)據肇論疏等均謂此論中引及涅槃經;按肇死(四一四)在大經譯出(四二一)之前,泥洹六卷本之譯(四一七至四一八)亦在其後。(二)肇在什公逝後一年而亡,而其上秦王表中引及姚興與安成侯書;按彼書中所言,似什公去世已久。(三)無名論十演中反駁之頓悟顯為生公說,而九折中所斥之漸說則爲支公七住頓悟說,是作者宗旨贊成七住說而呵彈大頓悟;據今所知,生公以前無持大頓者,而生公立說想在江南亦遠在肇死之後。(四)無名論中有南北之喩;此與辯宗論背南停北之譬,雖取義互殊,而實巧合。(五)無名論非肇作,六朝人似無有疑之者;但內典錄有下列一條:

涅槃無名九折十演論,無名子。(今有其論,云是肇作,然詞力浮薄,寄名烏有。)

此所謂無名子者,似謂十演論託名為無名子所作。若此則道宣已疑之已。

涅槃無名論雖不為肇公所作,然要亦宋初頓漸爭論時所作。茲略叙難差以下六章。按有名主頓,無名主漸,茲為醒目,直標為"頓""漸"二家。頓家意曰,

夫涅槃不可分,妙一無差,然經言三乘差別,又曰七住無生再進修三位,究竟之道何來升非之殊耶?(以上難差第八,顯係據生公義而談。)

漸家答曰,

究竟之道,理雖無差,識根不一,智有深淺,故雖俱到彼岸,而升降不同。(以上辯差第九,謂差異在人,則亦慧觀之意也。下

詳。)

頓家又難曰：

夫理既無差，則體理之人何有差異？（以上責異第十。）

漸家復答曰：

涅槃雖一，然仍因幽鑒有淺深，此非我異無爲，以未盡無爲，故有三耳。（以上會異第十一。）

頓家又難曰：

累盡鑒生，應無餘翳，既曰不二，則不容心異；不體則已，體應窮微，而曰體而未盡何邪？（以上詰漸第十二。）

而漸家之答，一爲反駁頓說，謂

結使重惑，而謂可頓盡，亦所未喻。

一爲申明漸義，謂

至理無涯，人智有涯，而各有殊異，何能頓盡？

此仍謂差異在人也。（以上明漸第十三。）

就上六段反覆陳述，實只因人而差一義也。

反對頓悟之名僧實爲慧觀。觀與生同遊匡山，並往關中見什，還江南後亦爲世所重。作漸悟論以抗生公，謝侯。照名僧傳鈔載三乘漸解實相一文，審其次序，當即觀作，或並出漸悟論中。茲全錄而略論之。

論曰：問三乘漸解實相。曰，經云三乘同悟實相而得道，爲實相理有三耶？以悟三而果三邪？實相唯空而已，何應有三？若實相理一，以悟一而果三者，悟一則不應成三。答曰，實相乃無一可得，而有三緣。行者悟空有淺深，因行者而有三。

此相當於難差第八辯差第九之文,而觀公答言亦持差別在人與無名論之說相同。彼文繼曰:

問曰,若實相無一可得,悟之則理盡,不悟則面牆,可應有淺深之異,因行者而有三?

此與責異第十之問相同,而無名論所答仍謂差別在人,而此文答辭則實較切實。其文曰:

答曰,若行人悟實相無相者,要先識其相,然後悟其無相。以何為識相,如彼生死之相,因十二緣。唯如來洞見因緣之始終,悟生死決定相畢竟不可得。如是識相非相,故謂之悟實相之上者。菩薩觀生死十二因緣,唯見其終,而不識其始。雖悟相非相,而不識因緣之始,故謂之悟實相之中者。二乘之徒,唯總觀生死之法,是因緣而有,雖悟相非相,不著於生死;而不識因緣之始終,故謂之悟實相之下者。理實無二,因於行者,照有明闇,觀彼諸因緣有盡與不盡。故於實相而有三乘之別。

問曰,菩薩之與二乘,既不窮因緣之始終,何得稱緣實相而得道?答曰,菩薩之與二乘,雖不洞見因緣之始終;而解生死是因緣而有,知生死定相不可得。故能不染著於生死,超三界而得道。云云。

此言須先識其相,然後悟無相,實有至理。生公當時不知如何作答。但名僧傳鈔說處道生傳諸條中有曰:

二乘智慧總相觀空,菩薩智慧別相觀空事。

此必上文之答辯,惜不知其詳也。按此皆就三乘而言,可見頓漸爭執其關鍵所在也。

又慧達肇論疏亦引觀之言一段,係駁辯宗論背南停北之喻。 其文有訛誤,不甚可解,因其亦吉光片羽,並全錄以俟後攷。

釋慧觀師執漸悟,以會斯譬云: 發出嵩洛,南形衡去百里,髣髴雲嶺,路在嵩(崇)朝,岑巖遊踐。 今發心而向南,九階為髣髴,十住為見岑,大舉為遊踐。 若以足言之,向南而未至。 以眼言之,即有見而未明。 但弁(辯)宗者得其足以為五度度,況漸悟者取其眼以為波若之向南之行,而所取之義殊。 猶不毘之能,而所用之功異之也。

推觀公之意,大舉遊踐雖在登峯之後,而足發嵩洛自遠而近,悟之階級亦不可忽也。 吉藏法華玄論曰:

宋道場寺惠觀法師著涅槃序,明教有二種,一"頓教"即華嚴之流,二"漸教"謂五時之說。

吉藏得見章疏最多,此言當不誤。 據此,觀公亦容許頓教,然其詳亦不可妄測也。

(22) 宗炳主漸悟

宗炳作明佛論,似在遠公逝世之後,即論成於晉末宋初,蓋即頓漸相爭之時也。 論中言法身、言人得成佛,當亦受涅槃流行之影響。 論文有曰:

神之不滅,及緣會之理,積習而聖,三者鑒於茲矣。

積習而聖,蓋謂漸行以至成佛也。 故又曰:

合以不滅之神,含知堯之識。 幽顯於萬世之中,苦以創惡,樂以誘善,加有日月之宗,垂光助照,何緣不虛己鑽仰,一變至道乎? 自恐往刼之桀紂,皆可徐成將來之湯武,況今風悟之倫,少而汎心於清流者乎? 由此觀之,人可作佛,其亦明矣。

按宗少文論之末有曰：

　　昔遠和尚澄業廬山，余往憩五旬。…………凡若斯論，亦和尚據
　　經之旨云爾。

據此則少文述遠公之言，是漸悟者亦遠和尚之遺旨也。

(23) 竺道生之門下

　　道生之頓悟義，宋文帝極提倡之；嘗於生逝世後，述頓悟義。
沙門僧弼等皆設巨難。帝曰，"若使逝者可興，豈為諸君所
屈！"文帝又招致道猷法瑗入京師。二人皆述生之頓義者。
（一）道猷乃吳人，初生公弟子。隨師之廬山。師亡後隱臨
川郡山。見新出勝鬘，披而歎曰："先師昔義，闇與經同。但歲
不待人，經集義後，良可悲哉！"因注勝鬘，以翌宣遺訓，凡有五卷，
文煩不行。宋文問慧觀，"頓悟之義，誰復習之？"答云，"生公
弟子道猷。" 即勅臨川郡，發遣至京。既至，即延入宮內，大集
義僧，令猷申述頓悟。時競辯之徒，關責互起。猷既積思參玄，
又宗源有本，乘機挫銳，往必摧鋒。帝乃撫机稱快。孝武帝升
位，尤相歎重，乃勅住新安為鎮寺法主。大明六年，勅吳興郡致
送小山釋法瑗至京，與猷同止新安寺；使頓漸二悟，義各有宗。
孝武帝每歎美猷曰，"生公孤情絕照，猷公直轡獨上，可謂克明
師匠，無忝徽音！"猷於元徽中卒。後有沙門道慈，祖述猷義，刪
其注勝鬘以為兩卷。（序見祐錄九。）
（二）法瑗乃隴西人。遊學北方，後自成都東抵建業，依道場
慧觀為師。後入廬山，守靜味禪。頃之，刺史庾登之請出山講
說。後文帝訪覓述生公頓悟義者，迺勅下都，使頓悟之旨重申
宋代。何尚之聞而歎曰："常謂生公歿後，微言永絕，今日復聞

象外之談,可謂天未喪斯文也!"文帝孝武帝均優禮之。明帝造湘宮寺,勅爲法主。注勝鬘及微密持經。論議之隙,談孝經喪服。南齊永明七年卒。

　　生公之弟子又有僧瑾,隱士沛國朱逮（亦作建）之第四子。少善老莊及詩禮。初事曇因,後從道生。宋孝武帝勅爲湘東王師。及王即帝位,敬奉極厚。惟明帝末年,頗多忌諱,故涅槃滅度之翻,於此暫息。凡諸"死亡""凶禍""衰白"等語,皆不得以對。犯忤而致誅戮者十有七人。瑾每匡諫,禮遂薄。後因周顒而帝稍全宥犯者。（詳僧傳。）瑾以元徽中卒。

　　僧傳又謂龍光寺有沙門寶林,初經長安受學,後祖述生公諸義。時人號曰"遊玄生。"著涅槃記,及注（?）異宗論檄魔文等。林弟子法寶（名僧傳鈔言亦龍光僧人。）亦學兼內外,著金剛後心論等,亦祖述生義。"金剛後心"疑即論金剛以後皆是大覺,是其所述乃頓義也。僧傳又謂劉宋曇斌并申頓悟漸悟之旨。時心競之徒,苦相讎挍。斌既辭愜理詣,終莫能屈。斌曾學於小山瑤,瑤乃主漸者也。

(25) 劉虬述漸悟義

　　南齊時,荆州隱士劉虬述善不受報頓悟成佛義,當世莫能屈。又注法華無量義等,（法華注係集注見中論疏記,又文選注曾引之。）講涅槃大小品等。其著作均佚,僅僧錄有其無量壽經序。序首敘七時判教,明施教依根器不同;次辯頓悟義謂入空則其慧不二;評定頓漸之得失,以漸爲虛教,以頓爲實說,實具調和之意,因摘錄以殿茲篇。其文有曰:

既二談分路,兩意爭途,一去一取,莫之或正。

此可見南齊時猶有頓漸爭也。虬評之曰:

自極教應世,與俗而差;神道救物,稱感成異:玄圃以東,號曰"太一";"闐賓以西,字爲"正覺。"東國明殃慶於百年;西域辨休咎於三世。"希無"之與"修空,"其揆一也。有欲於無者,既無得無之分;施心於空者,豈有入空之照!而講求釋教者,或謂會理可漸,或謂入空必頓,請試言之,以筌幽寄。

立漸者以萬事之成,莫不有漸。堅冰基於履霜;九成作於累土。學之入空也,雖未圓符,譬如斬木,去寸無寸,去尺無尺。三空稍登,寧非漸邪? 立頓者以希善之功,莫過觀於法性。法性從緣,非有非無;忘慮於非有非無,理照斯一者,乃曰解空。存心於非有非無,境智猶二者,未免於有。有中伏結,非無日損之驗;空上論心,未有入理之效。而言納羅漢於一聽,判無生於終朝,是接誘之言,非稱實之說。妙得非漸,理固必然。

故劉君之言仍主頓義,其序末曰:

今無量義亦以"無相"爲本。若所證實異,豈曰無相?若入照必同,寧曰有漸? 非漸而云漸,密筌之虛教耳。如來亦云,空拳誑小兒,以此度衆生。微文接麤,漸說或允。忘象得意,頓義爲長。聊舉大較,談者擇焉。